곤늪

셰익스피어가 그린 권력과 정치, 그리고 악랄한 독재자들

폭군

스티븐
그린블랫

김한영 옮김

Tyrant

까치

TYRANT : Shakespeare on Politics

by Stephen Greenblatt

Copyright © 2018 by Stephen Greenblatt
All rights reserved.
This Korean edition was published Kachi Publishing Co., Ltd. in 2025
by arrangement with Stephen Greenblatt c/o Calligraph, LLC through
KCC(Korea Copyright Center Inc.), Seoul.

이 책은 (주)한국저작권센터(KCC)를 통한 저작권자와의 독점계약으로
(주)까치글방에서 출간되었습니다. 저작권법에 의해서 한국 내에서 보
호받는 저작물이므로 무단전재 및 복제를 금합니다.

역자 김한영(金韓榮)
서울대학교 미학과를 졸업하고 서울예술대학교에서 문예창작을 공부했
다. 오랫동안 번역에 종사하며 문학과 예술의 곁자리를 지키고 있다. 옮
긴 책으로 『천사들의 엄격함』, 『그러나 절망으로부터』, 『질서 너머』, 『빈
서판』, 『지금 다시 계몽』, 『알랭 드 보통의 영혼의 미술관』, 『나라 없는 사
람』, 『나는 공산주의자와 결혼했다』 등 다수가 있으며, 제45회 한국백상
출판문화상 번역 부문을 수상했다.

편집, 교정_옥신애(玉信愛)

폭군
셰익스피어가 그린 권력과 정치, 그리고 악랄한 독재자들

저자/스티븐 그린블랫
역자/김한영
발행처/까치글방
발행인/박후영
주소/서울시 용산구 서빙고로 67, 파크타워 103동 1003호
전화/02 · 735 · 8998, 736 · 7768
팩시밀리/02 · 723 · 4591
홈페이지/www.kachibooks.co.kr
전자우편/kachibooks@gmail.com
등록번호/1-528
등록일/1977. 8. 5
초판 1쇄 발행일/2025. 12. 5

값/뒤표지에 쓰여 있음

ISBN 978-89-7291-886-8 03340

조선희 르네상스 미학에서

찬사의 글

번득이는 지성, 유려한 전개, 명료한 필치로 셰익스피어의 폭군들과 그들의 폭정을 심도 있게 고찰한 명저이다. 스티븐 그린블랫은 셰익스피어가 그린 폭군들의 끔찍한 자아도취와 어리석음, 왕위 찬탈, 광기와 잔인함, 거만하고 졸렬한 무능력, 피해망상에서 주기적으로 터져 나오는 광포함, 관심과 아부에 대한 갈망을 묘파한다. 그와 함께 저자는 우리 모두가 감당해야 하는 (셰익스피어가 표현한 대로) "전반적인 비애"를 간접적으로 드러낸다.

— 필립 로스(퓰리처 상 수상 소설가, 『에브리맨』 저자)

이 책은 문학사의 눈부신 개가(凱歌)이다. 이 책 초반부에서는 셰익스피어가 당시보다 수 세기 전에 살았던 폭군들의 이야기를 통해서 그 자신의 시대를 영리하게 비판하는 것에 주목한다. 그런 뒤 그린블랫은 학자로서 대담하게도 그와 똑같은 구조로 비판을 전개한다. 저자가 묘사하는 피에 물든 흡혈귀들은 이루 말할 수 없이 인간적이고 현대적이다. — 존 리스고(영화배우, 『동물의 사육제』 저자)

책장을 굽이치는 모든 문장이 우아하고 날렵하다.

—엘리엇 A. 코언, 「워싱턴 포스트」

그린블랫은 셰익스피어의 작품이 현재와 같은 혼란한 정치 상황에 훌륭한 길잡이가 될 수 있음을 보여주며, 더 나아가 그 자신—그린블랫—도 그러한 이야기에 재능이 있음을 분명히 입증한다.

—「로스앤젤레스 리뷰 오브 북스」

셰익스피어가 살았던 시대는 500년 전이지만, 그린블랫의 이 책은 우리 시대를 정면으로 겨냥하는 일련의 긴급한 메시지를 담고 있다.

—「크리스천 사이언스 모니터」

그린블랫은 셰익스피어가 군주제를 무비판적으로 찬양했을 것이라는 전통적인 가정을 단호히 거부한다. 이 책이 보여주는 셰익스피어는 나쁜 군주와 좋은 군주를 구별할 뿐 아니라 군주제라는 체제를 향해서 진지한 의문을 던지는, 용기 있는 사람이다.

—「월 스트리트 저널」

짧지만 매혹적인 연구서가 무대 위에서 열변을 토하는 독재자들을 조명한다.

—「가디언」

이 책에서 그린블랫은 거장의 문학을 비평하는 데에 그치지 않고 셰익스피어의 견해가 지금도 여전히 적절하다는 점을 입증한다.……셰익스피어의 목소리가 500년의 시간을 가로질러 우리 귀를 파고든다. 인간이 겪는 또다른 수많은 난제들과 마찬가지로 이 문제에도 귀를 기울이는 것이 현명하다. ―「인디펜던트」

이 책은 셰익스피어의 희곡에 초점을 맞춘다기보다는 그의 작품을 면밀히 조사해서 얻은 지혜를 더 중요한 문제, 즉 미국의 민주주의를 뒤흔들고 있는 현재의 위기에 쓸모 있게 적용한다는 점에서 더 가치 있는 책이다. ―「로스앤젤레스 타임스」

가정에서든 궁정에서든 셰익스피어는 항상 포악한 충동에 관심을 기울였고, 그린블랫은 이 부인할 수 없는 사실을 날카로운 눈으로 관찰한다. 사적 영역과 공적 영역이 겹칠 때마다 어김없이 재앙이 불어닥친다. 절대복종을 기대할 때 저항의 기미가 보이는 순간 폭군은 이성을 잃고 미친 듯이 격노하는데, 셰익스피어의 희곡들은 이 감정을 집중적으로 풀어내고 탐구한다. ―「리터러리 리뷰」

또 한 권의 명저. ―「타임스 리터러리 서플먼트」

그린블랫은 셰익스피어가 국가, 정부, 정치적 통일체에 관한 문제를 어떤 역사적 상황과 서술적 맥락에서 다루었는지를 조사한다.…… 그는 『줄리어스 시저』, 『맥베스』, 『리처드 3세』의 정치 역학을 『자에는 자로』와 『겨울 이야기』의 복잡한 상황과 대비시키고, 이를 통해서 그 희곡들뿐 아니라 권력 그 자체가 어떻게 작동하는지를 새롭게 설명한다. ―「아이리시 타임스」

이 책은 현재 최고 정치권에서 벌어지는 상황이 점점 더 공포스러워지고 있음을 우리에게 상기시킨다.　　　　　　　　　　　　　—「복스」

그린블랫의 글은 변함없이 우아하고 훌륭하다. 엘리자베스 1세와 그의 후계자인 제임스 1세의 통치기에 셰익스피어가 위태롭게 걸었던 정치적 줄타기를 묘사할 때 그는 최고의 재능을 발휘한다.　　　　　　　　　　　　　　　　　　　　　—「이브닝 스탠다드」

그린블랫은 미국 정치를 직접 언급하지 않고 다른 작가의 입을 통해서 트럼프의 초상화를 통렬하게 그려낸다. 그린블랫의 역사적 주장은 대부분 학문적으로 읽힌다기보다는 우리 시대에 긴요한 메시지를 전하려는 구실에 더 가깝다.　　　　　　　　　—「뉴 리퍼블릭」

그린블랫이 마련한 연단에 셰익스피어가 섰다. 이 대문호는 이 시대에 사는 우리, 심지어 그의 팬이 아닌 사람들(나 같은 사람)을 바라보면서, 자신의 성격 묘사와 줄거리가 얼마나 적절하고 시사적인지를 여실히 증명한다.　　　　　　　　　　　　　　　—「와이어」

그린블랫의 이 책은 셰익스피어의 가장 악랄한 주인공들을 다룬, 작지만 전율이 이는 책이다.　　　　　　　　　　　—「아메리카」

만일 당신이 최고의 희곡을 사랑하고, 과거가 현재를 어떻게 비추는지에 관심이 있으며, 무엇보다도 미국의 민주주의를 지키는 일에 진심이라면, 그린블랫의 이 책을 지나치지 못할 것이다.
— 「버크셔 에지」

우리 시대의 사건에 대해서 미국의 모든 언론사보다 더욱 정확하고 세련된 지식을 전해준다.
— 「라팜스 쿼터리」

이 작은 책은 이 시대에 셰익스피어를 연구하는 모든 학자에게 필독서가 될 뿐 아니라 정치와 관련된 거의 모든 사람들에게 도움이 될 것이다.……그린블랫은 셰익스피어가 왜 현재 우리의 삶에 여전히 유의미한지를 증명하고 그의 요점을 설득력 있게 제시한다. 거의 모든 독자에게 권하고 싶은 책이다.
— 「라이프 굿 스콜라」

차례

1 **비스듬한 시선** 15

2 **편협한 정당정치** 43

3 **기만적인 포퓰리즘** 57

4 **성격의 문제** 79

5 **조력자의 유형** 95

6 **승리에 도취한 폭군** 117

7 **교사하는 자** 131

8 **위대한 자들의 광기** 151

9 **몰락과 재기** 179

10 **저지할 수 있는 출현** 201

결론 235
감사의 글 243
주 247
역자 후기 251
색인 255

1

비스듬한 시선

셰익스피어는 작품을 쓰기 시작한 1590년대 초부터 펜을 내려 놓을 때까지 매우 심란한 한 가지의 문제로 고심을 되풀이했다. 그 질문은 이러했다. 어떻게 한 나라 전체가 폭군^{tyrant}의 손에 고스란히 넘어갈 수 있을까?

16세기 스코틀랜드에서 큰 영향력을 행사한 인문학자 조지 뷰캐넌은 이렇게 썼다. "왕은 기꺼이 따르는 백성을 지배하고, 폭군은 마지못해 따르는 백성을 지배한다." 뷰캐넌의 표현을 빌리자면 "국가가 아니라 자기 자신을 위해서 통치하려고 하고, 공공의 이익보다 자신의 즐거움을 우선시하는" 자들을 막기 위해서, 자유로운 사회는 제도를 만든다.[1] 셰익스피어는 자문했다. 우리가 보기에 뿌리 깊고 흔들림이 없을 것만 같은 그 소중한 제도가 대체 어떤 상황에서 갑자기 취약해질까? 왜 많은 사람이 다 알면서도 거짓말에 귀를 기울이고 그걸 받아들이는 것일까? 리처드 3세나 맥베스 같은 인물이 어떻게 왕좌에 오를 수 있을까?

그런 재난이 광범위한 공모 없이는 일어날 수 없다고 셰익스피어는 생각했다. 그의 작품들은 한 국가가 고귀한 이상을 포기하고 심지어 자기 이익까지 해치게 작동하는 심리의 메커니즘을 정밀하게 들여다본다. 그는 또 자문했다. 왜 사람들은 국가를 통치하기에 명백히 부적합한 지도자, 즉 위험하리만치 충동적이거나 사악할 정도로 비열하거나 진실에 무관심한 자에게 그토록 이끌리는가? 왜 어떤 상황에서는 허위나 미숙함 또는 잔인함의 증거가 치명적인 단점으로 작용하는 대신 열렬한 추종자들을 끌어당기는 매력이 되는가? 당당하고 자존감을 내세우던 사람들이 왜 독재자의 뻔뻔함, 내키는 대로 말하고 거칠게 행동해도 탈 없이 넘어갈 것이라는 정신 상태, 그 노골적인 무례함에 복종하는가?

셰익스피어는 이 복종에서 비롯되는 비극적 손실—도덕적 타락, 엄청난 국고 낭비, 인명 손실—그리고 망가진 국가를 다소나마 건강하게 복구하는 데에 필요한 절박하고 고통스럽고 영웅적인 행동들을 누차 묘사했다. 셰익스피어의 극들은 묻는다. 불법적이고 독단적인 통치를 향해서 서서히 굴러가는 바퀴를 너무 늦기 전에 막아 세울 방법, 폭정으로 야기될 국가적 재앙을 예방할 효과적인 방법은 없을까?

이 위대한 극작가는 당시 영국을 통치하던 엘리자베스 1세를 폭군이라고 비난하지 않았다. 셰익스피어가 개인적으로 어떻게 생각하는지와 무관하게 그런 의견을 무대 위에서 슬쩍 내비치기만 해도 자살 행위나 마찬가지였을 것이다. 일찍이 1534년 여왕의 부친인 헨리 8세의 통치기에 왕을 폭군으로 칭하는 것을 반역으로 규정하는 법령이 제정되었다.[2] 그 범죄에 어울리는 형벌은 죽음이었다.

셰익스피어 시대의 영국은 무대 위에서든 그밖의 어디에서든 표현의 자유를 허락하지 않는 나라였다. 1597년에는 『개들의 섬The Isle of Dogs』이라는 연극이 선동적이라는 혐의를 받았다. 결국 정부는 극작가 벤 존슨을 체포해 감옥에 넣었고, 이와 더불어 런던의 모든 극장을 철거하라는 행정 명령을 내렸다(다행히 시행되지는 않았다).[3] 밀고자들은 극장을 다니며 국가에 위험하다고 해석될 수 있는 불온함의 빌미를 잡아내서 당국으로부터 보상을 얻기 위해 눈에 불을 켜고 무대를 지켜보았다. 당대의 사건이나 주요 인사들을 비판하거나 헐뜯으려는 시도는 특히 더 위험했다.

우리 시대의 전체주의 체제에서와 마찬가지로 사람들은 가장 중요한 문제를 거론할 때 암호로 말하거나 한두 단계 돌려 말하는 기술을 개발했다. 그러나 셰익스피어가 돌려 말하기를 좋아하게 된 것은 조심성 때문만은 아니었다. 그는 당대의 중요한 문제들을 숙고할 때 직접적으로 생각하기보다는 에둘러 생각하는 편이 그 문제를 더 명확히 볼 수 있다는 점을 간파한 듯하다. 셰익스피어의 작품들을 살펴보면 알 수 있는 사실이 하나 있다. 인간이 만든 허구를 통하거나 역사적 거리를 두고 볼 때, 셰익스피어가 진리를 가장 또렷이 포착하고 온전히 소유할 수 있으며 진실이 소멸되지 않는다는 것이다. 따라서 전설로 전해오는 로마의 통치자 가이우스 마르키우스 코리올라누스나 역사로 전해오는 율리우스 카이사르 같은 인물이 마음을 끌었고, 요크 공작(리처드 플랜태저넷)과 잭 케이드와 리어(레이르) 왕 그리고 폭군의 전형이라고 할 수 있는 리처드 3세와 맥베스(막 베하드 막 핀들라크) 같은 인물이 그에게는 특히 매력적이었을 것이다. 『티투스 안드로니쿠스*Titus Andronicus*』의 가학적인 황제 사투르니누스, 『자에는 자로*Measure for Measure*』의 타락한 대리 통치자인 앤절로와 『겨울 이야기*The Winter's Tale*』의 편집적인 왕 레온테스 등 완전한 상상 속의 인물들 역시 유혹적이었을 것이다.

셰익스피어가 대중적으로 성공했다는 사실은 당대에 많은 사람들이 그의 생각에 공감했음을 가리킨다. 주변 상황에서 자유로운 동시에 애국심과 복종을 끝없이 되풀이하던 상투적인 표현들로부터도 자유로웠던 그의 글쓰기는 냉혹하리만치 솔직할 수 있었다. 이 극작가는 대부분 그가 숨 쉬는 시간과 공간에 속해 있었지만, 단지 그 시공간의 피조물로 머물지 않았다. 그 결과 극도로 불분명했던 것들이 선명해졌고, 그는 주변 세계로부터 감지한 것들을 함구할 필요가 없었다.

또한 셰익스피어는 우리 시대에 큰 사건—소련의 몰락, 주택 시장의 붕괴, 예상을 깨는 선거 결과 등—이 일어나서 소름 끼치는 사실을 집중 조명할 때 비로소 드러나는 비밀을 알고 있었다. 권력의 최측근에 있는 자들이라도 이제 곧 어떤 일이 일어날지를 알지 못한다는 것 말이다. 책상 위에 높이 쌓인 계산서와 평가서, 고비용으로 운용되는 첩보망, 엄청난 보수를 받는 전문가 집단에도 불구하고 그들은 까막눈이나 다름이 없다. 밖에서 보는 우리는 만일 이런저런 중요 인물에 접근할 수만 있다면 실제로 진행되는 상황을 파악하고서 자신이나 국가를 지키기 위해 필요한 조치가 무엇인지 알 수 있으리라고 상상한다. 그러나 그런 꿈은 망상에 불과하다.

셰익스피어가 쓴 어느 역사극의 첫머리에는 '헛소문'이라는 인물이 "혀가 잔뜩 그려진" 의상을 입고 등장하는데, 그가 하는 일은 "중상과 시샘과 억측이 훅훅 불어대는" 이야기를 끝없이 퍼뜨리는 것이다(『헨리 4세*Henry IV* 2부』 서막 16).4 그런 이야기는 고통스러운 결과—신호 오인, 사기로 얻은 일시적인 안락, 허위 경보, 광적인 희망 뒤 갑자기 찾아오는 자포자기와 절망 등—를 낳는다. 그리고 가장 크게 속는 인물들은 다수의 대중이 아니라 특권과 권력을 가진 자들이다.

셰익스피어는 그 수다스러운 혀들을 틀어막은 덕에 명확히 사고하기가 더 편했고, 지금 이 순간과 전략적으로 거리를 둔

덕에 진실을 더 쉽게 말할 수 있었다. 또한 그는 시선을 비스듬히 잡은 덕분에 그릇된 가정, 해묵은 신념, 충성에 대한 잘못된 이상을 걷어내고 그 아래에 놓인 것을 흔들림 없이 바라볼 수 있었다. 같은 맥락에서 그는 고대 세계, 즉 군주제에 대한 미사여구나 기독교 신앙이 가닿지 않은 곳에 흥미를 느꼈고, 『리어왕King Lear』과 『심벨린Cymbeline』의 기독교 이전 브리튼에 마음이 끌렸으며, 『맥베스Macbeth』의 폭력적인 11세기 스코틀랜드에 매혹되었다. 또한 14세기 리처드 2세의 통치부터 리처드 3세의 몰락에 이르기까지 자신의 세계에 한층 가까이 접근할 때에도 그와 그가 묘사하는 사건 사이에 적어도 1세기의 거리를 유지하는 신중함을 보였다.

셰익스피어가 글을 쓸 때 영국은 30년 이상 엘리자베스 1세의 통치 아래에 있었다. 비록 여왕은 간혹 성을 내고 까다롭고 고압적이었지만, 왕국의 정치 제도가 신성하다는 여왕의 근본적인 믿음과 존중심은 대체로 확고했다. 여왕의 생각보다 더 공격적인 외교 정책을 주장하거나 국가 전복에 대한 더 강력한 진압을 요구하는 사람들도 권력의 한계를 신중하고 분별 있게 고려하는 여왕의 감각을 대체로 인정했다. 셰익스피어가 가장 은밀한 생각을 할 때에도 여왕을 폭군으로 여기지는 않았던 것이 거의 분명하다. 그러나 다른 영국 사람들처럼 그 역시 코앞에 닥친 미래를 걱정할 이유는 충분했다. 1593년에 여왕은 60번째 생일을 축하했다. 미혼에 후사가 없는 여왕은 후계자 지명을 완강히 거부했다. 그 자신은 영원히 죽지 않는다고 생각했을까?

상상력이 조금이라도 있는 사람들에게는 시간의 은밀한 습격만이 걱정스러운 문제가 아니었다. 왕국이 사악한 적을 마주하고 있다며 많은 사람들이 걱정했다. 무자비한 국제적 음모로, 적의 지도자들은 광적인 비밀 요원들을 키운 뒤 해외로 파견하여 테러를 일으킬 것이었다. 이 요원들은 불신자라는 꼬리표가 붙은 사람을 죽이는 일은 죄악이 아니며, 오히려 신의 일을 수행하는 것이라고 믿었다. 그들은 프랑스와 네덜란드를 비롯한 모든 나라에서 이미 암살, 집단 폭력, 대량 학살을 저지르고 있었다. 영국에서 그들이 당면한 목표는 여왕을 죽이고 그들의 동조자 한 명을 왕위에 앉힌 뒤 그들의 왜곡된 종교관에 따라서 국가를 조종하는 것이었다. 궁극적인 목표는 세계 정복이었다.

테러범들은 대부분 국내파라서 식별하기가 쉽지 않았다. 그들은 먼저 국내에서 급진화 교육을 받고 해외에 있는 훈련소로 유인된 뒤 다시 영국으로 몰래 들어왔기 때문에 평범하고 충직한 신민들 속으로 쉽게 섞여들었다. 신민들은 웬만해서는 동족을 고발하려고 하지 않았고, 심지어 위험한 견해를 품고 있다고 의심되는 경우에도 모른 척하고 입을 다물었다. 극단주의자들은 소규모 조직을 결성하고, 은밀히 모여 기도하고, 암호로 된 메시지를 주고받고, 신입 단원이 될 만한 사람을 물색했다.

대상은 주로 불만을 품은 계층 출신에 폭력과 순교를 꿈꾸는 불안정한 청소년이었다. 어떤 자들은 외국 정부를 대표하는 사람들과 비밀리에 접촉했다. 그들은 이 젊은이들에게 습격 부대와 무장봉기 지원을 은근히 암시했다.

이 위험을 대단히 경계한 영국 첩보국은 훈련소에 첩자를 심고, 조직적인 교신망을 구축하고, 술집이나 여인숙에서 대화를 엿듣고, 항구와 국경을 통과하는 자들을 면밀히 조사했다. 그러나 위험을 뿌리 뽑는 일은 쉽지 않았다. 심지어 테러리스트로 의심되는 사람들 몇몇을 색출해서 선서 아래 심문했지만, 소용이 없었다. 어쨌든 그들은 종교 지도자로부터 거짓말을 해도 된다는 허가를 받은 데다가 기술적으로 거짓을 말하지 않으면서도 사람들을 현혹시키는 "애매한 표현"을 교육받은 광신자들이었다.

용의자들은 일반적인 방식으로 고문과 심문을 당해도 좀처럼 입을 열지 않았다. 여왕의 첩보단장에게 올라온 한 보고서에 따르면, 1584년에 네덜란드의 오라녀 공을 암살한 극단주의자—국가 원수를 권총으로 살해한 최초의 남자—는 기괴하리만치 완강했다.

그날 저녁 피의자는 억센 가시가 달린 채찍에 맞아 살이 터지고 갈라졌습니다. 그런 뒤 그자를 소금물이 담긴 통에 넣었고, 목구멍에 식초와 브랜디를 들이부었습니다. 하지만 이런 고문에도 불구하고 그는 고통이나 뉘우침의 기색을 한순간도 내비치지 않았으며, 오히려 자기는 신이 용인할 만한 행동을 했다고 말했습니다.[5]

"신이 용인할 만한 행동." 이 사람들은 자신이 저지른 반역과 폭력 행동으로 천국에서 상을 받으리라고 믿게끔 세뇌된 자들이었다.

16세기 영국의 열광적인 신교도들이 생각하기에, 문제의 위협은 로마 가톨릭교였다. 여왕의 수석 고문顧問들이 심지어 짜증을 낼 정도로 엘리자베스 1세는 위협을 위협이라고 부르기를 꺼리고 고문들이 필요하다고 여기는 조치를 취하려고 하지 않았다. 막강한 가톨릭 국가들을 상대로 돈이 많이 드는 유혈 전쟁을 촉발하거나 몇몇 광신도들이 저지른 범죄를 그 종교 전체에 덮어씌우는 것은 여왕에게 마뜩잖은 일이었다. 첩보단장인 프랜시스 월싱엄의 말을 빌리자면, 여러 해 동안 여왕은 "창을 내어 사람들의 감정과 은밀한 생각을 들여다보기를"[6] 꺼린 결과로 신민들이 겉으로 국교를 잘 따르는 한, 가톨릭 신앙을 조용히 지킬 수 있도록 허용했다. 그리고 격렬한 주장에도 불구하고 그녀는 스코틀랜드의 여왕이자 가톨릭교를 믿는 사촌 메리의 처형을 계속해서 인가하지 않았다.

스코틀랜드에서 쫓겨난 후로 메리는 기소나 재판을 거치지 않고 잉글랜드 북부의 일종의 보호 시설에 붙잡혀 있었다. 메리는 영국의 왕위를 상속할 수 있는 강력한—몇몇 사람들이 생각하기에는 엘리자베스 1세보다도 더 강력한—권리를 가지고 있었으므로 유럽 가톨릭 열강들의 책략, 그리고 영국 내 가톨릭 극단주의자들의 과열된 백일몽과 위험한 음모는 노골적으로 메리에게 조명을 맞추고 있었다. 더구나 메리 본인마저도 앞뒤를 헤아리지 못하고 그녀를 지지하는 사악한 음모를 인가했다.

음모의 배후 조종자는 다름 아닌 로마 교황이라는 것이 일반적인 믿음이었다. 교황에게는 특별한 군대가 있었다. 어떤 명령을 내리든 그에게 복종하겠다고 맹세한 예수회가 있었으며, 잉글랜드 내부에는 의무에 따라서 성공회 미사에 참석은 하지만 내심으로는 가톨릭교에 충성하는 수천 명의 "교황 예찬자"가 숨어 있었다. 셰익스피어가 성년에 이를 무렵에는 예수회—공식적으로 잉글랜드에 입국할 수 없으며 적발되면 사형을 면하지 못하는 자—와 그들의 위협에 대한 소문이 널리 퍼져 있었다. 실제 수는 얼마 되지 않았지만 그들이 불러일으키는 두려움과 혐오(몇몇 지역에서의 은밀한 찬양의 분위기)는 상당했다.

셰익스피어가 내심 어느 편에 공감했는지는 분명하지 않다. 그러나 그가 중립적이거나 무관심했을 리는 없다. 그의 양친은 가톨릭 세계에서 태어났으며, 당시의 거의 모든 사람이 그러했듯이 이들의 경우에도 가톨릭 세계와의 유대는 종교개혁의 영향보다 오래갔다. 다만 조심하고 신중할 이유는 충분했는데,

단지 신교도 정부가 가하는 가혹한 처벌 때문만은 아니었다. 호전적인 가톨릭교가 잉글랜드를 위협한다는 생각은 전적으로 허구만은 아니었다. 1570년에 교황 피우스 5세는 엘리자베스 1세를 이단이자 "범죄의 봉사자"로 규정하고 그녀를 파문한다는 칙서를 내렸다. 여왕의 백성들은 여왕에게 맹세했을 법한 모든 의무들에서 해방되었고, 실제로 교황은 엄숙하게 불복종을 명했다. 10년 후 교황 그레고리우스 13세는 잉글랜드의 여왕을 죽이는 것은 대죄가 아니라고 암시했다. 한술 더 떠서 교황청 국무원장은 주인을 대신해 다음과 같이 선언했다. "신에게 봉사하겠다는 종교적인 의도로 여왕을 지옥으로 보내는 사람은 죄를 짓지 않을 뿐 아니라 공덕을 쌓게 된다."7

사실상 살인을 부추기는 선언이었다. 물론 영국의 가톨릭교도들은 대부분 그런 폭력적인 조치에 관여하고 싶어하지 않았지만, 몇몇 사람은 이 나라에서 이단 통치자를 제거해야 한다는 생각을 마음에 두기 시작했다. 1583년에는 스페인 대사와 결탁하여 여왕을 암살하려는 음모를 정부 첩보망이 발견했다. 이후 여러 해에 걸쳐서 편지를 가로챘다는 둥 무기를 몰수했다는 둥 가톨릭 사제를 체포했다는 둥 위기일발의 순간에 관한 이야기들이 꼬리에 꼬리를 물었다. 의심 많은 이웃의 신고를 받은 경찰들이 시골 아지트에 들이닥쳐서 벽장을 부수고 벽을 두드려 소리로 빈 공간을 찾고 마룻바닥을 뜯어가며 이른바 신부의 굴을 찾았다. 그러나 엘리자베스 1세는 여전히 메리

비스듬한 시선　　25

로 인해서 제기되는 위협을 제거하려고 하지 않았다. 월싱엄은 이렇게 기도했다. "신이여, 여왕이 눈을 뜨고 목하 위험을 보게 하소서."[8]

여왕의 측근들은 대단히 예외적인 조치로서 "결의 동맹서"를 작성했다. 이 문서에 서명한 사람들은 자신의 이득을 위해 여왕의 생명을 위협한 사람뿐 아니라 왕위를 요구할 가능성이 있는 사람―누가 보아도 메리였다―에게도 그러한 시도가 성공하든 실패하든 상관없이 복수를 가하기로 했다. 1586년에 월싱엄의 첩자들은 또다른 음모가 있다는 소문을 들었는데, 이번에는 앤서니 배빙턴이라는 스물네 살의 부유한 가톨릭 신사가 수면으로 떠올랐다. 배빙턴은 비슷한 생각을 가진 친구들을 모았고, 그는 "폭군"을 죽이는 행위는 도덕적으로 용인될 수 있다고 믿어 의심치 않았다. 이중 첩자들이 그 모임에 침투해서 암호를 해독했고, 정부는 이를 이용해서 음모가 서서히 전개되는 것을 지켜보며 기다렸다. 실제로 배빙턴이 겁을 먹고 꽁무니를 빼려고 하자 월싱턴의 첩자 한 명이 그에게 바람을 집어넣기도 했다. 이 작전으로 신교도 강경파는 가장 바라던 성과를 거머쥐었다. 14명의 공모자가 일망타진되어 국가반역죄로 기소되고 교수척장분지형(목을 매달고 내장을 꺼낸 뒤에 사지를 찢는 형벌/역주)을 당한 것 외에도 부주의하고 못 본 체 묵인하던 메리를 옭아맨 것이다.

2011년 오사마 빈 라덴을 살해했을 때와 마찬가지로 1587년

2월 8일 메리를 참수한 후에도 잉글랜드에서의 테러 위협은 완전히 끝나지 않았다. 이듬해 스페인 무적함대를 패퇴시켰을 때에도 위협은 끝나지 않았다. 오히려 국가의 분위기는 더 어두워졌다. 또다른 적의 침공이 임박한 것 같았다. 정부의 첩보원들이 계속 임무를 수행하는 동안 가톨릭 사제들은 위험을 무릅쓰고 계속 잉글랜드에 들어와서 점점 더 괴로운 입장으로 내몰리는 신도들을 보살폈다. 터무니없는 소문은 계속 퍼졌다. 1591년에 한 날품팔이 노동자는 "여왕이 살아 있는 한 우리는 절대로 즐거운 세상을 보지 못할 것"이라고 말한 대가로 칼을 차는 형벌을 받았고, 또다른 날품팔이도 "우리 위에 있는 이 정부는 결코 좋은 정부가 아니다.……여왕이 죽는다면 변화가 찾아오고 이미 이 종교에 익숙해진 자들은 모두 쫓겨날 것"이라고 발언해서 그와 비슷한 형벌을 받았다.9 1592년 존 페럿 경의 반역죄에 대한 재판에서는 그가 여왕을 "상스럽고 천박한 여자"라고 표현한 것을 심각한 범죄로 다루었다. 성실청星室廳을 관리하는 국새상서(국새는 대법관을 겸임하는 국새상서가 관리했다/역주)는 온갖 종류의 "공공연한 험담 [그리고] 부정확하고 사실과 다르고 반역죄에 해당하는 명예 훼손"이 런던에 퍼져 있다고 푸념을 늘어놓았다.10

반역죄에 가까운 무절제한 말들이야 어깨를 으쓱하고 무시할 수도 있었지만, 그럼에도 여전히 왕위 계승 문제가 걱정거리로 남아 있었다. 여왕의 현란한 붉은색 가발과 보석을 치렁 치렁 늘어뜨린 사치스러운 드레스로도 세월의 흐름은 가려지지 않았다. 여왕은 관절염을 앓았고 식욕을 잃었으며 계단을 오를 때 시종의 부축을 받기 시작했다. 여왕의 조신朝臣인 월터 롤리 경은 "시간의 습격을 받은 여성"이라고 예의 바르게 묘사했다. 그러나 그녀는 후계자를 지명하려고 하지 않았다.

엘리자베스 1세 시대 말기에 잉글랜드는 전체적인 질서가 완전히 취약해진 상태였다. 지배력을 유지하려는 소수의 신교도 상류층만 불안을 느낀 것이 아니었다. 가톨릭교도들 역시 궁지에 몰렸고, 그들은 몇 년 전부터 여왕이 권모술수를 쓰는 마키아벨리주의적 정치인들에게 둘러싸여 있다고 주장했다. 그 정치인들은 저마다 분파의 이익을 위해서 술책을 부리는데, 가톨릭교의 음모에 대한 편집적인 두려움을 조장하고 독재 권력이 제 손에 들어올 순간을 기다린다는 것이었다. 불만을 품은 청교도들 역시 그와 비슷한 두려움을 품고 있었다. 조국의 종교적 안정, 부의 분배, 외교 관계, 내전 가능성을 걱정하던 사람이라면 누구나—즉, 충분한 지각력을 가지고 1590년대를 살던 사람이라면 거의 모두가—여왕의 건강 상태에 대해서 골똘히 생각했을 테고, 궁정에서 경쟁하는 후계자 후보와 고문들, 스페인의 침공 위협, 예수파의 비밀스러운 존재, 청교도들(당시에는 브라운주의자라고 불렸다)의 소요, 그리고 그밖에도 경계해야 할 이유들에 대해서 한 번쯤은 반드시 이야기했을 것이다.

물론 그 이야기는 대부분 귓속말이었을 테지만, 정치적인 논의가 늘 그렇듯이 강박적으로 끝없이 돌고 돌았다. 『리처드 2세*Richard II*』의 정원사들, 『리처드 3세*Richard III*』의 이름 없는 런던 시민들, 『헨리 5세*Henry V*』에 나오는 전투 전야의 병사들, 『코리올라누스*Coriolanus*』의 배고픈 평민들, 『안토니우스와 클레오파트라*Antony and Cleopatra*』의 냉소적인 부하들 등 셰익스피어는 단역들이 소문을 주고받고 시국을 논하는 장면들을 반복적으로 묘사했다. 부하들이 상관을 그렇게 비난하면, 권력자는 대개 분노한다. 모여서 항의하는 자들에게 한 귀족은 이렇게 말한다. "가라, 집으로 돌아가라, 이 허접한 것들아(『코리올라누스』 1막 1장 214)." 그러나 그 허접한 것들의 입을 막을 수는 없었다.

큰 문제든 작은 문제든 잉글랜드의 국가 안보와 관련된 문제를 무대 위에서 직접 묘사하는 것은 금지되어 있었다. 런던의 극단들은 생존을 위해 흥미로운 이야기를 열심히 찾았을 테고 텔레비전 드라마 「홈랜드*Homeland*」(2011-2020년에 방송된 미국 드라마로, 알카에다에서 구출된 미군들이 돌아온 후에 벌어지는 일을 그린 첩보물이다/역주)와 같은 이야기로 관객을 끌고 싶어했을 것이다. 그러나 엘리자베스 1세 시대의 연극은 검열을 받았다. 간혹 검열관이 엄하지 않은 경우도 있었지만, 여왕의 체제에 대한 위협을 묘사하는 줄거리는 무대에 올릴 수 없었으며 메리, 스코틀랜드의 여왕, 앤서니 배빙턴 또는 엘리자베스 1세와 같은 인물을 공개적으로 흉내 내는 것은 더욱더 불가능했다.[11]

검열은 필연적으로 회피 기술을 낳는다. 미다스의 아내처럼 사람들은 하다못해 바람과 갈대에 대고서라도 목구멍에 걸린 말을 내뱉어야 할 것 같은 충동을 느낀다. 서로 치열하게 경쟁할 수밖에 없는 극단들로서는 이런 충동을 다룰 때 경제적으로 큰 이득을 본다. 극단들은 극중 배경을 멀리 떨어진 곳으로 옮기거나 사건을 먼 과거로 끌고 가서 묘사하면 된다는 것을 깨달았다. 검열관이 유사성이 너무 확실하다고 보고 제동을 걸거나 역사적 사건을 정확히 표현했다는 증거를 요구한 적도 있기는 했지만, 대개는 이 속임수를 못 본 체하고 넘어갔다. 그런 배출구가 필요하다는 것을 정부도 아마 알고 있었을 것이다.

셰익스피어는 치환과 전략적 우회를 자유자재로 구사하는데에 최고의 대가였다. 그는 단 한 편도 당대의 영국을 배경으로 하는 이른바 "도시 희극"(17세기 초 도시와 중산층의 모습을 풍자적으로 그린 희극/역주)을 쓰지 않았으며 거의 예외를 두지 않고 현재의 사건들과 안전한 거리를 유지했다. 그는 에페수스, 티루스, 일리리아, 시칠리아, 보헤미아 또는 먼바다의 신비하고 이름 없는 섬 같은 곳에서 펼쳐지는 줄거리에 매료되었다. 문제가 될 만한 역사적 사건—왕위 계승의 위기, 부정 선거, 암살, 독재자의 부상 등—을 다룰 때 그 사건은 항상 고대 그리스와 로마에서 또는 선사시대의 브리튼 혹은 고조부의 시대 또는 그 이전의 잉글랜드에서 발생했다. 셰익스피어는 역사에서 퍼올린 자료를 자유롭게 수정하고 개조해서 더 강력하고 날카로운 이야기를 만들었지만, 당국이 요구하면 즉시 변명할 수 있도록 누구나 알 수 있는 출전을 깔고 작업했다. 당연한 말이지만 그 역시 감옥에 갇히거나 코가 잘리는 형벌을 겪고 싶지 않았을 것이다.

이 평생의 우회 전략에서 벗어난 단 하나의 두드러진 예외가 있다. 셰익스피어가 1599년에 쓴 『헨리 5세』는 거의 2세기 전에 잉글랜드 군대가 프랑스를 침공해서 거둔 장대한 군사적 업적을 묘사한 작품이다. 연극이 결말로 치닫는 5막에서는 승리한 왕이 수도로 돌아올 때 벌어지는 영예로운 환영식을 상상해보라며 코러스(해설가)가 관객을 초대한다. "보라, / 생각을 주조하는 대장간에 가서 거세게 풀무질을 하라. / 그리하여 런던 거리에 시민들이 쏟아져나오는 것을 상상하라(5막 서장 22-24)." 이렇게 군중의 환호가 런던을 가득 메우던 과거의 장면을 상상하게 한 후 코러스는 가까운 미래에 보기를 바라는 비슷한 장면을 그려보인다.

이제 자비로운 여왕 폐하의 장군이
좋은 때를 맞아 반역자들을 검에 꿰고
아일랜드에서 당당히 개선한다면
이 평화로운 도시에서 얼마나 많은 시민이
일손을 멈추고 나와 그를 환영하겠는가! (5막 서장 30-34)

거론된 "장군"은 여왕의 총신인 에식스 백작으로, 그때 백작

비스듬한 시선　　31

은 잉글랜드 군대를 이끌고 티론 백작인 휴 오닐이 이끄는 아일랜드 반란군과 싸우고 있었다.

셰익스피어가 왜 현재의 사건—그리고 "좋은 때"에만 바랄 수 있는 일—을 직접 거론하기로 마음을 정했는지는 불확실하다.¹² 어쩌면 부유한 후원자인 사우샘프턴 백작이 그렇게 하라고 요구했는지 모른다. 과거에 셰익스피어는 『비너스와 아도니스*Venus and Adonis*』와 『루크리스의 능욕*The Rape of Lucrece*』 같은 시를 사우샘프턴 백작에게 헌정한 바 있었다. 에식스 백작의 친한 친구이자 정치적 동맹자인 사우샘프턴 백작은 자만심이 강하고 빚에 허덕이는 자신의 친구가 대중의 환호를 갈구한다는 것과 극장이야말로 대중에게 다가갈 수 있는 더없이 좋은 현장이라는 것을 알고 있었다. 그에 따라 사우샘프턴 백작은 극작가에게 장군의 임박한 승리를 예견하여 애국심을 고양한다면, 그보다 더 환영받을 일이 없으리라고 암시했을지도 모른다. 셰익스피어로서는 이 제안을 거절하기가 어려웠을 것이다.

공교롭게도 『헨리 5세』가 초연된 직후 때마침 고집불통인 에식스 백작이 실제로 런던에 돌아왔지만, 휴 오닐의 머리를 검에 꿰고 온 것은 아니었다. 자신의 원정이 비참하게 실패하자 그는 모든 것을 포기하고 아일랜드를 떠났다. 그곳에 남아 있으라는 여왕의 명시적인 명령을 어기고 귀국한 것이다.

그후 벌어진 일련의 사건으로 정권의 중심부에 위기가 급격히 고조되었다. 에식스 백작의 갑작스럽고 달갑지 않은 귀환—그는 진흙투성이 차림으로 여왕에게 달려가 그녀의 발밑에 몸을 던지고는 자신을 미워한다는 자들을 큰 소리로 비난했다(에식스 백작은 자신의 패배가 국내에 있는 정적들의 음모 때문이라고 주장했다. 그리고 이 음모를 고하기 위해서 여왕의 명령을 어기고 귀국을 결심했다고 강변했다/역주)—은 궁정에 있는 그의 주요한 적들—여왕의 재상 로버트 세실과 여왕의 총신 월터 롤리—에게 오래 전부터 기다려온 기회를 선사했다. 백작이 책략에서 밀리고 점점 더 격앙하는 사이 눈앞에서 여왕의 총애가 마른 모래처럼 손가락 사이로 빠져나갔다. 자제심을 유지하지 못해서 항상 애를 먹던 백작은 급기야 치명적인 실수를 저질렀다. 그가 노발대발하는 중에 여왕이 "나이 들어 성미가 고약해지고" 정신이 "시체처럼 말라비틀어졌다"고 말한 것이다.[13]

궁정 문화에는 치열하게 경쟁하는 분파들이 어쩔 수 없이 출현한다. 엘리자베스 1세는 여러 해 동안 그 분파들을 솜씨 좋게 조율했다. 그러나 여왕이 점점 쇠약해지는 사이 해묵은 증오가 불거졌고 갈수록 무자비해졌다. 추밀원이 국정 운영을 위한 회의에 에식스 백작을 불렀을 때 그는 롤리의 명령으로 자기를 암살하려고 한다고 선언하면서 참석을 거부했다. 마음속에 두려움과 혐오가 뒤얽힌 데다가 런던 대중이 자기를 지지하기 위해서 일어날 것이라는 근거 없는 자신감이 더하여 에식스 백작은 급기야 여왕의 고문들 그리고 어쩌면 여왕까지를 상대로 무장봉기를 계획했다. 봉기는 처참하게 실패했다. 에식스 백작을 필두로 사우샘프턴 백작을 포함한 그의 주요 동맹자들은 남김없이 체포되었다.

공식 조사를 맡은 세실에게 롤리는 저 혐오스러운 적들을 영원히 제거할 금쪽같은 기회를 놓치지 말라고 다그쳤다. 롤리는 만일 세실이 "이 폭군에게 마음을 누그러뜨린다면 나중에 가슴을 치고 후회하게 될 것"이라고 써 보냈다.[14] 여기에서 "폭군"은 무심코 내뱉은 욕설이 아니다. 만일 에식스 백작이 권위를 회복한다면 여왕이 고령이라는 점을 고려할 때 그가 왕국을 통치할 지위에 오를 수 있으며 틀림없이 법적 절차도 필요하지 않을 것이 분명했다. 에식스 백작은 혈안이 되어 경쟁자들을 제거하려고 할 것인데, 정중히 은퇴하라고 요구하지는 않을 것이었다. 십중팔구 폭군의 방식을 사용할 것이었다.

세실이 조사를 마친 후 에식스 백작과 사우샘프턴 백작은 재판에 회부되어 결국 대역죄로 사형이 선고되었다. 사우샘프턴 백작은 종신형으로 감형되었지만, 한때 여왕의 총애를 받던 자에게도 자비는 없었다. 1601년 2월 25일 에식스 백작은 처형되었다. 정부는 그가 단두대에서 했다는 곤궁한 자백―그는 반란을 획책했으며 이제 "왕국에서 쫓겨나는 것은 당연하다"라고 말했다―이 사후에 널리 공표되도록 각별히 신경을 썼다.

셰익스피어가 이 잔인한 투쟁에 살짝이라도 발을 담근 것은 어리석은 일이었다. 『헨리 5세』에서 평소답지 않게 당대의 인물로서 "장군"을 지칭한 것이 공식적인 반응을 불러일으키지

는 않은 듯하지만, 자칫하면 그로 인해서 나락으로 떨어질 수
도 있었다. 봉기를 시도하기 전날인 1601년 2월 7일 토요일 오
후에 에식스 백작의 집사 겔리 메이릭을 포함하여 에식스 백작
의 주요 지지자 몇몇은 배를 타고 템스 강을 건너 글로브 극장
에 도착했다. 그로부터 며칠 전 메이릭의 측근들은 이 극장의
상주 극단인 로드 체임벌린스 서번츠Lord Chamberlain's Servants 측에
"리처드 2세의 퇴위와 살해"를 다룬 셰익스피어의 초기 희곡을
공연해달라고 요청했다. 배우들은 거절하면서 『리처드 2세』는
오래된 연극이라 관객이 많이 들지 않을 것 같다고 말했다. 주
문된 초청 공연의 대가로 보통 받는 10파운드에 40실링을 얹
어주겠다고 하자 배우들은 거절을 철회했다.

　그런데 대체 왜 겔리 메이릭과 동료들은 『리처드 2세』 공연
을 그토록 열렬히 추진했을까? 그건 일시적이고 무의미한 충
동이 아니었다. 생사가 걸린 중대한 기로에 서 있음을 알고 있
었던 그들은 계획을 세우고 시간과 돈을 들였다. 그들은 자신
들의 생각을 기록으로 남기지는 않았지만, 추정하건대 통치자
와 추종자들의 몰락을 그린 셰익스피어의 희곡이 있다는 것을
기억한 듯하다. 에식스 백작이 세실과 롤리에게 닥치기를 바랐
던 바로 그 운명을 탐욕스러운 측근들(찬탈자가 "영연방의 애벌
레들"이라고 부른 자들)이 맞이한 뒤 불운한 왕은 이렇게 한탄한
다. "내가 시간만 허비했으니 이제 시간이 나의 삶을 허비하는
구나(5막 5장 49)."

『리처드 2세』에서 찬탈자는 왕의 조언자들만 죽이지 않는다. 왕 그 자신도 죽음을 맞는다. 왕위를 찬탈한 볼링브로크는 현 국왕을 살해하는 것은 물론이고 왕좌에서 쫓아내겠다고 직설적으로 선언하지 않는다. 통치자의 측근들이 타락했다며 맹비난하던 에식스 백작과 마찬가지로 그 역시 자신에게 직접 가해졌던 부당함을 주로 강조한다. 그러나 리처드 2세의 퇴위와 감금을 기획하고 이제 헨리 4세가 되어 자기 머리에 스스로 왕관을 쓴 볼링브로크는 교활하고 애매한 방법―정치인들이 "관련 사실 부인"이라고 부르는 애매한 방식―으로 필수적인 마지막 조치를 완성한다. 적절하게도 셰익스피어는 이 조치를 직접적으로 표현하지 않는다. 대신에 단지 어떤 사람이 볼링브로크의 입에서 들은 말을 숙고하는 장면을 보여준다.

엑스턴: 너도 듣지 않았느냐? "나에게는 이 살아 있는 공포를 없애줄 친구가 없는가?" 그렇게 말씀하셨지?

하인: 바로 그렇게 말씀하셨습죠.

엑스턴: "나에게는 친구가 없는가?"라고 말이야. 그것도 재차, 두 번이나 간절하게, 그렇지?

하인: 예, 그렇습죠.

엑스턴: 그렇게 말씀을 하시면서 나를 유심히 쳐다보셨어. 그리고 눈으로 이렇게 말씀하셨지. "그대가 나의 가슴에서 이 공포를 없애줄 사람이 되어줄 수 없겠나?" 폼프렛 성의 상왕

을 말한 것이다. 자, 가자. 나는 전하의 친구이니 전하의 적을 제거해야겠다. (5막 4장 1-11)

이것이 전체 장면이다. 금세 끝이 나지만, 움직이는 권력의 성격을 전체적으로 그려내기에 부족함이 없다. 물러난 왕에 대한 어떤 형식적인 법 절차도 개시하지 않는다. 그 대신에 필요한 것은 단지 한 번 더 반복되는 데다가 그 의미를 이해할 법한 사람을 향해서 의도적으로 내비치는 표정("유심히")과 맞물린 의미심장한 암시뿐이다.

정권이 바뀌면 통치자의 총애를 얻기 위해서 무슨 일이든 하려는 자들이 있기 마련이다. 셰익스피어의 묘사로 보아 엑스턴은 중요하지 않은 인물로, 우리가 그를 보고 그의 말을 듣는 것은 이 대목이 처음이다. 그런 그가 "전하의 친구"가 될 기회를 잡는다. "가자(5막 4장 10)", 그가 자기 하인에게 말하고, 리처드 2세는 곧 살해된다. 충분히 예상할 수 있지만, 엑스턴이 보상을 고대하고 왔을 때—"위대한 왕이시여, 제가 바치는 이 관 속에 전하의 두려움이 묻혔습니다(5막 6장 30-31)"—통치자는 그를 거부한다. "그가 죽기를 바랐으나 / 나는 그를 살인한 자를 증오한다. 그리고 살해당한 그를 사랑한다(5막 6장 39-40)." "살해당한 그를 사랑한다." 이 맛깔스러우면서도 씁쓸한 아이러니와 함께 연극은 막을 내린다.

겔리 메이릭과 공모자들은 그들이 저지를 행동의 청사진으

비스듬한 시선　　37

로 셰익스피어의 희곡을 참조할 필요가 전혀 없었다. 극작가가 묘사한 상황이 자신들의 상황과 정확히 일치하지 않는다는 사실을 알았을 테고, 그렇지 않더라도 조급하게 속셈을 드러내려고 하지 않았을 것이다. 또한 현대의 독자가 보기에도 이 비극은 몰락한 왕의 비통한 마음을 탐구하는 작품일 뿐 반란을 일으키기 위해서 대중을 선동하는 선전용 연극과는 거리가 멀다.

그러나 열쇠는 대중의 손에 있었다. 초청 형식의 공연은 대부분 사적인 장소와 엄선된 관객 앞에서 열렸지만, 로드 체임벌린스 서번츠 극단은 대가를 받아 『리처드 2세』를 부활시켜 커다란 야외극장, 즉 대부분의 관객이 1펜스를 내고 서서 연극을 볼 수 있는 곳에서 공연했다. 에식스 백작은 언제나 런던 대중에게 구애하고 그들의 지지에 의지했다. 셰익스피어는 관객에게 영예로운 헨리 5세가 프랑스에서 승리 후 귀환했을 때처럼 그들의 개선장군이 아일랜드에서 돌아올 때 달려나가서 환호하던 군중을 상상할 수 있게 유도했다. 상황이 그렇게 되지는 않았지만, 공모자들은 『리처드 2세』를 통해서 많은 대중(그리고 어쩌면 그들 자신)에게 성공적인 쿠데타를 보여주면 무엇이든 자신들에게 돌아올 이득이 있다고 생각한 것이 분명하다. 아마 그들은 그저 자신들의 속마음을 누구나 상상할 수 있는 일로 만들기를 원했을 것이다.[15]

1352년으로 거슬러올라가는 법령에 따르면, 왕이나 여왕 또는 고위 공직자의 살해를 "계획하거나 상상하는" 일은 반역 행위였다.[16] "상상하다"라는 애매한 표현을 사용한 덕분에 정부는 기소할 사람을 폭넓게 정할 수 있었으니, 글로브 극장에서 『리처드 2세』를 공연한다면 큰 위험을 자초할 수 있었다. 여하튼 결국 극단은 셰익스피어의 희곡으로써 왕관을 쓴 왕의 몰락과 왕의 주요 참모들의 피살을 대중에게 장대하게 펼쳐보였다. 그러나 묘사된 사건은 과거의 잉글랜드에서 일어났고, 무언의 합의를 통해서 그러한 시간적 거리가 일종의 면책권을 부여한 결과, 당대를 배경으로 연기를 했다면 격노한 검열관에게서 즉시 형사 고발을 당했을 법한 연극이 극작가와 그의 극단을 큰 위기에 빠뜨리지 않고 무사히 상연되었다.

그럼에도 메이릭이 의뢰한 공연은 무대 위에서 펼쳐진 공연이 현재의 사건과 거리를 두기만 한다면 단지 연극에 불과하므로 문제가 되지 않는다는 암묵적인 합의에 의문을 가져왔다. 이는 연극에 불과하다는 입장과는 정반대였다. 에식스 백작의 공모자들은 명백히 잉글랜드 중세에 관한 셰익스피어의 비극을 깨끗이 닦아 글로브 극장의 무대에 올리는 것이 전략적으로 유용하다고 생각했으니 말이다.

그날 오후 메이릭이 『리처드 2세』를 관람하는 동안 머릿속에서 무슨 생각을 했는지는 알 수 없다. 그러나 그때 적어도 딱한 사람은 어떻게 연극의 의미를 이해했는지 알 수 있다. 에식스 백작이 처형되고 6개월이 지났을 때 여왕 엘리자베스 1세는 자신이 최근 런던 탑의 기록 보관소 소장으로 임명한 윌리엄 램바드의 의견을 품위 있게 청취했다. 이 학식 있는 고문서 관리자는 여왕을 위해서 자신이 준비한 일련의 기록들을 정권마다 성실하게 조사하기 시작했다. 그가 리처드 2세의 정권에 이르렀을 때 엘리자베스 1세가 불현듯 선언했다. "짐이 리처드 2세로군. 그렇게 생각하지 않나?"[17] 그녀의 어조에서 격분의 낌새가 느껴졌다면, 아마도 이 고문서 수집가가 오직 과거에만 몰두했기 때문이었을 것이다. 반면 그녀는 다른 모든 이들처럼 이 14세기 사건과 에식스 백작의 쿠데타 시도에 깔린 어두운 유사성을 곰곰이 생각하고 있었다. 위기감을 느낀 램바드는 즉시 현재의 요점이 통치자의 죽음을 "상상하는 것"임을 파악했다. 그가 여왕에게 말했다. "대단히 몰인정한 어느 신사가 그런 사악한 상상을 지어내 시도한 적이 있었지요. 전하 덕분에 가장 돋보이게 된 그자가 말입니다." 그러자 엘리자베스 1세가 과장되게 응답했다. "이 비극이 탁 트인 거리와 극장에서 40번이나 상연되었소." 현재의 위기를 이해하는 데에 중요한 역할을 한 것이 바로 연극―셰익스피어의 연극―이었다.

『헨리 5세』에서 셰익스피어가 에식스 백작을 직접 암시하자 더 안전하게 그늘에 숨어 있던 그의 희곡 전체를 뒤져 정치적 의견을 찾아내는 일에 관심이 집중되었다. 그러나 여왕은 어전 공연을 자주 초대해왔던 만큼, 충분히 처벌할 수 있었음에도 불구하고 배우들을 벌하지 않기로 했다. 이로써 셰익스피어와 그의 극단 전체에 재앙이 될 뻔했던 사건은 간신히 무마되었다. 극작가는 두 번 다시는 당대 정치를 가까이하는 모험을 하지 않았다.

쿠데타 기도에 이어 『리처드 2세』 특별 공연은 정부의 집중 조사를 받았다. 셰익스피어의 동료 한 명은 추밀원 앞에서 증언을 하고 로드 체임벌린스 서번츠가 어떤 생각으로 연극을 했는지 설명해야만 했다. 그의 답변─단지 돈을 약간 더 벌기 위한 일이었다─은 받아들여졌다. 겔리 메이릭 경은 그만큼 운이 좋지 않았다. 특별 공연을 의뢰한 것과 더불어 반란을 지원한 행위가 유죄로 인정되어 교수척장분지형을 받은 것이다.

2

편협한 정당정치

아주 이른 시기에 다른 극작가들과 협업해서 쓴 것으로 보이는 한 3부작에서 셰익스피어는 평상시의 정치가 폭정으로 변해가는 꼬불꼬불한 길을 추적했다. 3부작 『헨리 6세*Henry VI*』는 셰익스피어의 희곡들 중에서 오늘날 가장 인지도가 낮지만, 그를 처음으로 유명하게 만든 동시에 한 사회가 어떻게 무르익어 포악한 왕을 배출하는지를 날카롭게 통찰한 작품이다.

출발점은 왕국의 중심에 놓인 약점이다. 헨리 6세는 너무 일찍 죽은 부친의 뒤를 이어 왕위를 계승한 풋내기 청소년으로, 그의 삼촌인 험프리 공작이 호국경(섭정)의 지위로 나라를 관리한다. 이 관리자는 사심 없이 공무에 전념하지만, 권력이 심하게 제약된 데다가 불량하고 이기적인 귀족들이 그를 둘러싼다. 귀족들이 국왕은 어린아이일 뿐이라고 불평하자 호국경은 향

43

수를 빙자한 그 거짓말을 단칼에 부순다. 그는 귀족들에게 "그대들은 학생처럼 주무를 수 있는" 나약한 통치자를 더 좋아하지 않는가(『헨리 6세 1부』 1막 1장 36) 하고 진실을 말한다. 권력의 중심에 공백이 보이자 그 틈을 타서 경쟁자들이 서로 책략을 쓰고 음모를 획책한다. 그러나 그런 당파적 반목에는 결과가 따른다. 공익은 철저히 뒷전이 되고, 잠시 후 볼 수 있듯이 파벌들은 완고하고 강경해지다가 결국 서로 물고 뜯는 원수가 된다.

런던 법학원 건물에 붙어 있는 정원에서 2명의 유력한 귀족인 요크 공작과 서머싯 공작이 법의 요점에 관한 해석을 놓고 논쟁을 벌이고 있다. 두 사람은 지켜보는 사람들에게 누가 옳은지 판단을 내려달라고 호소하지만, 구경꾼들은 섣불리 끼어들지 않는다. 연극은 그들이 논쟁하고 있는 법률적 쟁점을 자세히 설명하지 않는다. 아마도 셰익스피어는 결국 그런 쟁점이 그다지 중요하지 않다고 생각한 듯하다. 중요한 것은 끝까지 타협을 거부하는 그들의 고집, 자기 입장만이 단 하나의 가능한 입장이라는 적대적 확신이었다. "내가 옳다는 것은 아주 명백하오." 요크 공작이 단언한다. "눈이 아무리 침침한 사람이라도 어렵지 않게 볼 수 있을 거요." 그러자 서머싯 공작이 응수한다. "내가 옳다는 것은 대단히 확실하고 더없이 밝고 너무나 명확해서 / 장님 눈에도 어렴풋이 보일 거요(2막 4장 20-24)." 여기에는 회색 지대를 인정하는 마음, 합리적인 사람들끼리도

44

의견이 서로 맞지 않을 수 있다는 점에 대한 인정이 전혀 없다. 그들은 서로가 고집을 부리면서 부인할 수 없을 만큼 "명백한" 것을 인정하지 않는다고 생각한다.

교착 상태에 접어들었지만 둘 다 양보하거나 화해할 마음이 조금도 없다. 대신에 셰익스피어는 이 두 사람과 부하들에 머물지 않고 다른 사람들까지 싸움에 끌어들인다. 요크 공작이 외친다. "진정한 신사라고 자처하시는 분은 나의 편에 서서 이 덤불에서 흰 장미를 꺾어주십시오." 그러자 서머싯 공작이 반격한다. "겁쟁이나 아첨꾼이 되지 않고 용기 있게 진실의 편에 서실 분은 나와 함께 이 가시덤불에서 빨간 장미를 꺾어주십시오(2막 4장 27-33)." 처음에는 노력했던 구경꾼조차 이제 중립으로 남을 수 없다. 둘 중 하나를 골라야 한다.

역사 속의 요크 공작과 서머싯 공작은 사설 군사조직을 부리고 잉글랜드의 특정 지역을 실질적으로 다스리는 유력한 봉건 영주였다. 이 극은 현대 아프가니스탄의 군벌들을 떠오르게 하는 방식으로 두 사람을 묘사할 수도 있었다. 그러나 그러는 대신, 정당의 탄생 그리고 경쟁하는 귀족들이 정적政敵으로 변해가는 과정을 보여준다. 그 과정을 그릴 때 셰익스피어는 우리가 쓰는 것과 똑같은 용어를 사용하지 않는다. 그의 시대에는 지금과 같은 정당 구조와 그에 상응하는 의회 체계가 없었고, 잉글랜드와 그밖의 다른 곳에서 그런 구조와 체계는 나중에 발전했다. 그럼에도 그가 보여주는 장면은 기이할 정도로 익숙하다. 흰 장미와 붉은 장미는 정당의 상징 기능을 하면서 대립하는 양쪽 편을 나타낸다. 법률 논쟁(주제가 무엇이었든 간에)은 흰 장미와 붉은 장미에 대한 맹목적인 지지로 변해간다.

다음과 같이 상상하는 것도 가능하다. 정당은 다양한 사람들의 커다란 복합체인 탓에 지도자들의 적대감을 굴절시키고 타협을 조장할 수 있다. 그러나 여기에서는 정반대의 일이 발생한다. 정당 소속이 뚜렷해지면서부터 모든 사람들의 분노가 갑자기 치솟는 듯하다. "자, 서머싯 공작, 당신의 주장은 어디에 있소?" 요크 공작이 묻자 서머싯 공작은 자신의 주장이 칼집에 꽂혀 있으며 "당신의 흰 장미를 피로 붉게 물들일" 생각을 하고 있다고 대답한다. 요크 공작도 똑같이 격앙해서 이렇게 말한다. "피에 굶주린 나의 증오의 징표로서 / 이 창백한 분노의 장미를 / 나와 나의 당은 영원히 가슴에 달겠소이다(2막 4장 59-109)."

이 장 서두에서 워릭 백작은 법적 논쟁의 상반된 입장에 대해서 판정해달라는 요구를 받자 목을 움츠린다. 자신은 개와 매에 대해서는 조금 알지만, 그런 전문적인 문제―"법률학의 세밀하고 정교한 궤변들(2막 4장 17)"―에 대해서는 속담에 멍청한 새로 등장하는 까마귀보다 나을 것이 없다고 고백한다. 그러나 그 장이 끝나갈 즈음에 양당이 형성되자 그의 자제심은 자취를 감춘다.

오늘 템플 정원의 당쟁에서 비롯된 이 말다툼이

앞으로 붉은 장미와 흰 장미 사이에서

수많은 영혼들을 죽음과 암흑의 세계로 몰아넣을 것이오.

(2막 4장 124–128)

애매한 법률학적 차이는 기본적으로 변하지 않았고, 논쟁을 위한 어떤 새로운 근거도 나오지 않았으며, 탐욕이나 시샘 같은 근본적인 원인도 찾아볼 수 없다. 오직 당파적 격노만 미쳐 날뛰는 듯하다. 갑자기 모든 사람들이 흉악한 공격성을 가슴에 품고 분노를 쌓아올린다. 왕이라는 지배적인 인물이 없는 상황에서, 완전히 인습적이고 무의미한 상징이 집단적인 결속과 집단적인 혐오를 분출시키는 듯하다.

이 혐오는 사회적 붕괴를 촉발하고 결국 폭정을 불러들이는 과정의 중요한 부분이다. 그럴 때 상대방의 목소리는 물론이고 심지어 그의 생각 그 자체마저도 참을 수 없게 된다. 당신은 우리 편이거나 우리 적이다. 만일 우리 편이 아니라면 나는 당신을 증오한다. 당신과 당신의 모든 지지자를 섬멸하고 싶다. 각 당은 당연히 권력을 추구하지만, 권력 추구가 분노 표출 그 자체가 된다. '나는 권력을 갈망한다. 당신을 부숴버리기 위해서이다.' 분노는 모욕을 낳고, 모욕은 무도한 행동을 낳고, 무도한 행동은 또다시 분노의 강도를 높인다. 이 모든 것이 합쳐지는 순간 걷잡을 수 없는 소용돌이가 시작된다.

편협한 정당정치　　　47

당장에 천지가 개벽하지는 않는다. 사회 질서는 그럭저럭 유지된다. 포위 공격에 시달리면서도 험프리 공작은 주도권을 놓지 않는다. 그 사이 호국경의 도움으로 나라를 통치하던 어린 왕이 어느덧 청년으로 성장한다. 헨리는 당쟁으로 불거지는 위험한 문제를 인식하고 이렇게 선언한다. "내부적 갈등은 국가의 장기를 갉아먹는 음흉한 벌레와 똑같소(3막 1장 72-73)." 왕의 견해는 명백히 옳지만, 애석하게도 이 말은 왕의 진술이라기보다는 도학자의 설교처럼 들린다. 헨리에게는 격렬한 당쟁을 진압할 수 있는 자질―카리스마, 잔꾀, 무자비함 등―이 전혀 없다.

중심부에 자리한 이 약점은 도발 요인이 된다. 요크 공작은 어린 헨리가 "책에 적힌 대로 통치한다(『헨리 6세 2부』 1막 1장 256)"고 경멸하면서, 적과 반대되는 위치에 입지를 다진다. 요크 공작은 왕관을 빼앗아 자신의 머리에 쓰는 것을 남몰래 계획하고, 다른 사람들도 내심 그와 똑같은 생각을 품고 있으리라고 직감한다. 이제부터 왕위에 오를 때까지 잠재적인 경쟁자를 모두 제거하리라. 한편 다루기 힘든 귀족들을 진정시키기 위해서 열심히 노력하던 헨리는 귀족들을 화해의 의식에 끌어들인다. 그는 귀족들이 분노하는 모습을 보면 다들 "머리가 돈" 것만 같다고 말한다. "사소하고 하찮은" 이유로 저렇게 싸우고 장미 따위와 같은 상징에 맹렬히 집착하다니 말이 되지 않는다고 말이다(『헨리 6세 1부』 4막 1장 111-112). 그러나 그는 너무 나약해서 프랑스와의 전쟁에서 협력할 것을 당부하는 공허한 제스처 이상은 해내지 못한다.

헨리가 근본적으로 사람이 좋다는 것도 문제이다. 헨리는 해외 영토에 대한 잉글랜드의 소유권을 강화할 목적으로 아름다운 프랑스의 귀족 여성 마거릿과 결혼하지만, 그녀가 오만하기 짝이 없는 서퍽 후작과 바람을 피우는 낭만적인 정치인이라는 사실을 깨닫지 못한다. 순진한 어린 왕은 사람이라면 누구나 흔쾌히 동의할 것이라고 믿으며 사리 분별과 도덕적 가치에 호소한다.

왕은 비록 성년기에 충분히 도달하지 못했지만, 그럼에도 타협하지 않는 당파적 지도자들이란 편을 갈라 흥분해서 싸우는 통에 정작 중요한 문제는 좀처럼 받아들이지 못하는 이기적이고 버릇없는 아이들과 다를 바 없다고 본다.

고결한 헨리가 귀족들의 시시한 말다툼을 경멸하는 것은 충분히 이해할 만하지만, 그로 인해서 상황은 악화하기만 한다. 헨리는 중요한 임명─예를 들면, 프랑스에서 잉글랜드가 점유하고 있는 영토를 다스릴 섭정으로 누구를 지명해야 하는가─이 있을 때 자신은 무관심하다고 선언한다. "짐의 생각으로는 경들 어느 쪽이라도 좋소. 서머싯 공작이든 요크 공작이든 짐에게는 매한가지요(『헨리 6세 2부』 1막 3장 100−101)." 그러나 그러한 초연함으로는 격렬한 경쟁의 여지가 형성되기만 한다. 어느 한쪽이 좋다고 표현했다면, 혹은 자신이 통치하는 국가 제

편협한 정당정치   49

도의 수면 아래에서 어떤 위험이 들끓고 있는지 분명히 이해하고 있었다면, 더 나았으리라.

밀려오는 혼돈을 꿋꿋이 저지하는 방패막이가 있다. 호국경인 험프리 공작이다. 그러나 과연 우리 예상대로, 왕의 측근들뿐 아니라 속이 뒤틀린 음모단이 그를 제거하기 위해서 교회에서 모의를 계획한다. 반역죄로 누명을 쓴 그가 왕에게 경고한다. 만일 자신의 파멸로 적들의 음모가 끝난다면 기꺼이 목숨을 내놓겠다고 말이다. "그러나 제 죽음은 그들이 준비한 연극의 서막에 지나지 않을 것입니다. / 저 외에 수천 명에 이르는 사람이 아무런 위험도 감지하지 못하고 죽는다고 해도 / 그들이 계획한 비극은 끝나지 않을 것입니다(3막 1장 151-153)."

헨리는 그의 경고를 듣지만, 최고 보좌관이자 친구인 이 사람을 구할 수가 없다. 부정직한 서퍽 후작은 의회 앞에서, 고결한 호국경이 "실은 기만으로 가득 찬 사람"이라고 말한다. 잔인한 보퍼트 추기경은 그가 "사소한 위법 행위에도 이상한 사형을(3막 1장 57-59)" 내렸다고 거짓 죄를 씌운다. 버킹엄 공작은 그러한 것들은 이제 곧 드러나게 될 죄상에 비하면 "사소한 과실"이라고 빈정거린다. 부정한 왕비인 교활하고 잔혹한 마거릿은 험프리 공작을 "패배자(3막 1장 182)"라고 부른다. 국왕은 이들의 고발을 믿지 않는다. "양심의 말에 귀를 기울여 짐은 그대가 무고하다고 믿소(3막 1장 141)." 그러나 힘이 없는 그는 하나씩 차례로 튀어 오르는 덫들을 막지 못한다. 호국경이 조사받기 위해서 호위를 받으며 끌려가자, 절망에 빠진 헨리는 "흐려진 눈에 속절없이 슬픈 눈물만 흘리며" 의회를 떠난다(3막 1장 218).

험프리 공작의 적들은 내심 서로를 미워하지만, 적어도 한 가지에서는 뜻이 맞는다. 하나같이 단 한 명의 이 청렴한 위인—헨리의 묘사에 따르면 "명예와 진실과 충절이 무엇인지를 가감 없이 보여주는 사람(3막 1장 203)"—을 제거하고 싶어한다. 그들이 덮어씌운 죄가 거짓이라는 것을 알기 때문에, 그리고 실질적인 증거가 없는 상태에서 왕이 강력히 지지하면 유죄 판결이 나오기 어렵다는 것을 알기 때문에 그들은 호국경을 살해하기로 결론짓는다. 그들은 냉소적이고 무자비하지만, 호국경을 제거하는 것이 그들이 추구하는 사적인 목표에 부합한다는 사실은 서로 물고 물리는 사악한 관계 속에서도 대놓고 인정하지 않는다. 대신에 그들은 국가의 이익과 순진하고 사람을 잘 믿는 왕의 안녕을 걱정하는 체한다. 교활한 왕비는 헨리가 "어리석은 연민에 너무 깊이 빠져서(3막 1장 225)" 험프리 공작의 계략을 꿰뚫어 보지 못한다고 탄식한다. 탐욕스러운 요크 공작은 험프리 공작에게 계속 호국경 자리를 맡긴다면, 굶주린 독수리에게 병아리를 지키라고 하는 것과 다를 바 없다고 한마디 덧붙인다. 그러자 여우에게 양 떼를 지키게 하는 것과도 같다며 교활한 서퍽 후작이 거든다. 이 여우가 실제로 아무런 피해도 입히지 않았다고 해도 그가 "교활한 살인자"라는 사실은 바뀌지 않는다. 따라서 "그자의 턱이 붉은 피로 물들기 전에(3막 1장 254–260)" 간교한 방법을 써서라도 그를 해치우는 것이 좋겠다.

이 고위 정치인들은 지금 진실과는 담을 쌓은 채 특별한 게임을 하고 있다. 그들 중에 누구도 왕을 보호하거나 나라를 구하기 위해서는 험프리 공작을 죽여야 한다고 한순간도 믿지 않는다. 그들이 내뱉는 말은 하나하나가 모두 거짓말이며, 희생자로 점찍은 사람에게 각자 자신의 두드러진 악덕을 투사하고 있을 뿐이다. 공개된 자리도 아닌데 왜 그냥 속마음을 드러내지 않을까?

몇 가지로 답할 수 있다. 첫째, 그들은 모두 정치인이고 그래서 순 거짓말쟁이이다. 셰익스피어에게 "정치인"이라는 단어는 사실상 위선자와 동의어이다(리어 왕이 격노한다. "의안을 해 박아라. 그리고 상스러운 정치인처럼, 보이지 않는 것을 보고 있는 척 해보아라[『리어 왕』 4막 6장 164–166]"). 둘째, 그들은 서로를 믿지 못하고, 지금 대화를 나누고 있는 이 방을 벗어나면 어떤 말이 어떻게 돌지 알지 못한다. 셋째, 각 사람은 자신의 거짓말, 오직 그 거짓말에만 남들이 속을 것이라는 은밀한 희망을 품고 있다. 넷째, 자기들이 고결하지 않다는 것을 알면서도 고결한 척을 해야 기분이 좋아진다. 다섯째, 그들은 네 사람 중에 행여 누가 그 음모를 조금이라도 마뜩잖게 여기지 않는지, 또 어떤 뜻밖의 변수 때문에 계획이 틀어질지를 경계하며 지켜보고 있다. 한 사람도 빠지지 않고 한배에 올라타기를 바란다.

의구심이 전부 걷히자, 세속에 찌든 보퍼트 추기경이 사전에 필요한 합의를 제안한다. 그가 마지막으로 모두의 동의를 구한다. "경들이 실행에 동의하고 잘 검토한다면, 그를 해치울 사람을 찾아보겠소." 그런 뒤 그는 특유의 가식적인 어조로 충신의 마음을 표현한다. "내가 전하의 안전을 살피겠소(『헨리 6세 2부』 3막 1장 275-277)." 모두가 동의하자 추기경은 약속한 바를 이행한다. 험프리 공작은 신속히 이송되고 고위 성직자가 고용한 자객들에 의해서 침대에서 목이 졸린다.

최대한 조심했음에도 불구하고 공모자들은 범죄를 숨기지 못한다. 범죄 현장은 희생자가 자연사한 것처럼 신중하게 꾸며지지만, 시신의 상태가 그렇지 않다는 사실을 시사한다. 워릭 백작이 말한다.

허나 보십시오. 피가 몰려 얼굴이 검붉고
눈알이 살아 있을 때보다 더 튀어나와
목을 졸린 사람처럼 무섭게 노려보고 있지요.
머리칼이 곤두서 있고, 버둥거린 탓에 콧구멍이 열려 있으며
두 손이 쫙 펼쳐져 있는 것이 마치
살기 위해서 무엇인가를 움켜잡고 끌어당기다가
힘으로 제압당한 듯합니다. (3막 2장 168-177)

편협한 정당정치　　　53

왕은 망연자실하고, 청렴한 험프리 공작을 언제나 사랑하며 존경하는 민중은 그런 짓을 할 공산이 가장 큰 두 사람, 서퍽 후작과 보퍼트 추기경을 처벌해야 한다고 맹렬히 요구한다. 왕비의 간청에도 왕은 서퍽 후작을 잉글랜드에서 추방하고—그는 결국 바다에서 해적에게 살해당한다—추기경은 병이 들어 죽는데, 마지막에는 그의 명령으로 살해된 사람을 입에 올리며 미친 듯이 지껄인다.

그러나 피해는 되돌릴 수 없고, 국가는 비틀거린다. 암살에 관한 말은 대부분 서퍽 후작과 보퍼트 추기경이 했지만, 호국경의 살해 배후에는 야망에 불타는 요크 공작이 있었다. "나의 머리는 나의 적들을 옭아맬 지루한 올무를 거미보다 더 바쁘게 엮고 있지(3막 1장 339-340)." 에드워드 3세의 후손인 요크 공작은 권력층의 최상부에 있고, 왕족의 혈통을 자랑스럽게 여긴다. 그러나 바로 이 권력욕에 물든 사람—자신의 가계도를 굉장히 세밀하게 열거한다—이 그 자신의 목표를 이루기 위해서 붉은 장미와 흰 장미의 정치적 투쟁에 새로운 불씨를 끌어들이고 만다.

『헨리 6세』 3부작의 중간에 해당하는 이 지점까지 밑바닥 계층을 고려하는 장면은 거의 나오지 않는다. 정치는 거의 전부 권력자들의 노름이었다. 그들은 서로를 상대로 책략을 구사하고 그와 동시에 전령, 하인, 호위병, 장인匠人, 농부 같은 익명의 대중은 그늘 속에 묻혀 있다. 그러다가 불현듯 등장인물들이 변한다. 요크 공작은 비참하고 소외되고 무지한 평민과 동맹을 맺을 기회를 발견하고 그 기회를 붙잡는다. 그제야 우리는 그때까지 보이지도 않고 들리지도 않던 가난한 계층이 분노로 끓어오르고 있음을 알게 된다. 정당 투쟁이 계급 투쟁을 냉소적으로 이용한다. 목표는 혼돈을 만들어내는 것이다. 그래야 독재자가 권력을 탈취할 환경이 갖추어진다.

3

기만적인 포퓰리즘

야심 가득한 폭군의 전략을 묘사하는 중에 셰익스피어는 당대의 지주 계급이 대중과 민주주의의 성장 가능성을 얼마나 경시하는지에 주목했다. 포퓰리즘은 빈곤층을 포용하는 것처럼 보이지만 실제로는 그들을 냉소적으로 착취하는 정책이다. 파렴치한 지도자는 실질적으로 빈민층의 운명을 개선하는 데에 관심이 전혀 없다. 태어날 때부터 막대한 부에 둘러싸였던 탓에 취향은 값비싼 사치로만 향하고 평민의 삶에는 좀처럼 흥미를 느끼지 못한다. 사실 그는 평민을 멸시한다. 그들의 입냄새를 싫어하고, 그들이 병을 옮길까 두려워하고, 그들을 변덕스럽고 멍청하고 무가치한 소모품 정도로 여긴다. 그러나 자신의 야망을 이루는 데에 그들이 쓸모가 있을 수 있다는 것을 안다.

왕국의 가장 낮은 곳, 밑바닥 상황이 어떤지를 이해하는 사람은 선의로 가득한 국왕도, 절조 있는 관리인 험프리 공작도 아니다. 그렇게 비열한 짓에 쓸 만한 표현인지는 모르겠으나, 빈민 중에서도 극빈층에서 끓어오르는 분노를 이용할 수 있다고 생각하는 것이야말로 요크 공작의 천재성이다. 그가 골똘히 생각한다. "잉글랜드에 엄청난 폭풍을 일으키리라." 이 폭풍은 그가 탈취하려는 왕관―"나의 머리 위에서 황금 왕관"―이 태양처럼 빛나고 격분을 진정시킬 때까지 그치지 않을 것이다. 그리고 그 음모의 하수인으로 적합한 사람을 찾았다고 밝힌다. "나는 고집 센 켄트 사람을 끌어들였다, 존 케이드라는 자를(『헨리 6세 2부』 3막 1장 349-357)."

존(또는 잭) 케이드는 자세히 알려진 바가 거의 없는 실존 인물로, 1450년 잉글랜드 정부에 맞서 유혈 민중봉기를 일으킨 후 곧 폭력적으로 진압당한 평민 반란자였다. 이 인물의 특징을 잡아내기 위해서 셰익스피어는 역사 연대기에서 그러모은 자료들(케이드가 요크 공작으로부터 은밀히 자금 지원을 받았다는 혐의도 포함되었다)를 꿰맞추고 또다른 농민 봉기들과 짜깁기한 다음 그 자신의 생생한 상상력으로 세부 사항을 덧붙였다.

요크 공작 리처드 플랜태저넷은 자기 계획을 위해서 끌어들인 천민의 운명 따위에는 신경 쓰지 않는다. 또한 반란을 일으키기 위해서 자신이 선동하려고 하는, 누더기를 걸친 군중에 대해서는 더욱더 신경 쓰지 않는다. 그러나 그는 유심히 케이드를 관찰했고 이용 가치가 있는 특징을 발견했다. 통증을 못

느끼는 기이한 무감각과 그 덕분에 그와 자신의 은밀한 동맹 관계를 털어놓지 않을 능력이다.

> 만일 그가 잡혀서 형틀에 묶여 고문당한다고 해보자.
> 그래도 나는 안다, 그에게 아무리 고통을 가해도
> 폭동을 주도한 사람이 나라는 사실을 절대 고백하지 않으리라.
> (3막 1장 376–378)

비밀을 지키는 능력은 중요하다. 유력한 귀족이 흉악한 폭동을 교사했다고 밝혀지면 좋을 것이 없다.

폭동은 요크 공작이 바랐던 규모를 뛰어넘어 거대한 폭풍이 된다. 런던 외곽의 블랙히스에 폭도가 모이고, 폭도를 이끄는 케이드는 알고 보니 유능한 선동가이자 부두 경제이론(그럴듯하게 들리지만 실제로는 효과가 없는 경제 이론/역주)의 대가였다.

> 앞으로 이 나라에서는 반 페니짜리 빵 일곱 덩이를 단 1페니에 살 수 있고, 세 홉짜리 술잔이 한 되짜리 술병으로 바뀌어 양껏 취할 것이며, 약한 싸구려 맥주를 마시는 자는 중죄로 다스리겠다. 모든 영토가 공유지가 될 것이다.……돈이라는 것은 사라지리라. 먹고 마시는 것은 다 내가 내겠다. (4막 2장 61–68)

군중이 함성을 질러 찬동하자 케이드는 현대의 연설가와 똑같이 말한다. "고맙다, 선량한 백성들이여(4막 2장 167)."

이 선거 공약의 논리적 모순은 공약이 유효하지 않다는 점에 있지 않다. 오히려 그와 정반대이다. 케이드는 계속해서 자신의 출생에 관한 뻔한 거짓말을 지어내고 앞으로 큰일을 하겠다며 과장된 주장을 펼친다. 군중은 그 말을 곧이곧대로 믿는다. 물론 그의 이웃들은 그가 타고난 거짓말쟁이라는 사실을 잘 안다.

> 케이드 : 나의 어머니는 플랜태저넷 가문 사람이고…….
>
> 백정 : [혼잣말로] 내가 잘 알지, 그 여자는 산파였어.
>
> 케이드 : 나의 아내는 레이시 가문의 후손이고…….
>
> 백정 : [혼잣말로] 그 여자는 사실 행상인이 딸이었고 레이스를 팔았지. (4막 2장 39–43)

터무니없이 귀족 혈통을 주장하다니, 케이드는 스스로 어릿광대가 되고 있다. 그는 부유하고 지체 높은 거물의 후손이기는커녕 부랑자와 매한가지이다. 케이드를 지지하는 한 사람이 속삭인다. "저자가 장날에 연속으로 사흘 동안 매질 당하는 모습을 보았다니까(4막 2장 53–54)." 그러나 정말 신기하게도, 이런 사실이 알려져도 폭도들의 믿음이 약해지지 않는다.

어쩌면 케이드는 자신이 계속 조작해내고 있는 명백한 거짓들이 실제로 이루어질 것이라고 내심 생각할 수도 있다. 진실에 대한 무관심, 뻔뻔함, 극한의 자신감에 이끌려서 이 요란한 정치 선동가는 환상의 세계에 들어서고—"내가 왕이 된다면, 아무렴 왕이 되고말고"—그와 똑같은 마법의 공간에 청중을 끌어들인다. 그 공간에서 2 더하기 2는 4일 필요가 없고, 방금 내뱉은 주장이 몇 초 전의 주장과 정반대임을 기억할 필요가 없다.

평상시에는 공인이 거짓말을 하다가 들키거나 진실에 무지하다는 것이 들통나면 입지에 금이 간다. 그러나 지금은 평상시가 아니다. 만약 어느 냉정한 구경꾼이 벌떡 일어나 케이드의 괴상한 왜곡, 오류, 명백한 거짓말을 지적하려고 든다면, 군중의 분노는 케이드가 아니라 그 의심 많은 사람에게 쏟아질 것이다. 이 대목에서 널리 알려진 표현이 등장한다. 케이드의 연설이 끝날 때 군중 속에서 어떤 사람이 소리친다. "가장 먼저 해야 할 일은 법률가를 모두 죽이는 것이오(4막 2장 71)."

지난 400년간 실제로 그래왔듯이 셰익스피어는 이 구절에 이르면 관객이 웃을 것을 알고 있었다. 제반 법률 활동을 둘러싼—부패한 변호사뿐 아니라 계약 이행, 채무 상환, 약속 준수 등과 관련된 방대한 사회 조직의 그 모든 행위자를 향한—욕구 불만이 순간적으로 분출되는 것이다. 우리는 안이하게도 군중이 지도자에게 그런 책임감 있는 자질을 바란다고 상상하지만, 이 장면은 그 정반대를 암시한다. 군중이 원하는 것은 공약을 위반하고 약속을 깨고 법을 어겨도 된다는 허락이다.

기만적인 포퓰리즘　　61

케이드는 "개혁"에 대해서 모호하게 연설을 시작하지만, 실제로는 대대적인 파괴를 호소한다. 그는 폭도들에게 런던 법학원을 때려 부수라고 선동하지만, 그것은 시작에 불과하다. "청원이 있습니다." 주요 부하들 중에 한 명이 탄원한다. "잉글랜드의 법은 각하의 입에서 나오는 것이기를 청합니다(4막 7장 3-7)." 케이드가 대답한다. "그렇게 할 것이다. 없애라! 왕국의 문서를 모두 태워라. 앞으로는 나의 입이 잉글랜드의 의회가 될 것이다(4막 7장 11-13)."

이렇게 파괴해버리면 평민들이 매우 제한적이나마 직접 행사하는 그 작은 권력—의회 선거에서 투표를 할 때 표출되는 그 권력—마저 잃게 된다는 사실은 중요하지 않다. 케이드를 열렬히 따르는 자들에게는 유서 깊은 대의제가 무가치하다. 그들은 대의제가 결코 **그들을** 대표한 적 없다고 느낀다. 그들의 어설픈 바람은 모든 협약을 찢어발기고 모든 채무를 탕감하고 모든 기존 제도를 망가뜨리는 것이다. 법이 저 독재자의 입에서 나오는 것이 나으리라. 플랜태저넷 가문 사람이라고 주장하지만 그들과 똑같은 출생이라는 것을 대번에 알 수 있는 저 사람 말이다. 대중은 그가 거짓말을 하고 있음을 완벽하게 알고 있지만—비록 돈으로 매수할 수 있고 잔인하고 이기적일지라도—그는 대중의 꿈을 선포하는 데에 성공한다. "이제부터는 모든 것이 공유 재산이다(4막 7장 16)."

케이드는 자신의 과거에 대한 투명성과 이런저런 구체적인 공약을 지키겠다는 진지한 의지를 호언장담한다. 추종자들은 그에게 약속을 지키라고 요구하기는커녕 그가 모든 계약을 공격하자 만족감을 느낀다. "무고한 어린 양의 가죽이 양피지가 되고, 그 위에 끼적거린 글이 사람을 파멸시키니, 참으로 통탄할 일 아닌가(4막 2장 72-75)." "끼적거린" 양피지에 관한 언급은 우스꽝스러우면서도—어떤 법률 문서가 그렇지 않겠는가—영리하다. 케이드의 선동을 듣는 가난한 사람들은 소외되고 무시당한다고 느낀다. 막연히 수치스럽기도 하다. 한때는 난해하기만 했던 기술—읽고 쓰는 능력—을 점점 더 요구하는 경제 체제에 진입하지 못하고 바깥에 머물러 있기 때문이다. 그들은 이 새로운 기술을 터득할 생각조차 하지 못하고, 그들의 지도자도 그들에게 교육을 받으라고 하지 않는다. 설령 교육을 시킨다고 해도 그의 목적과는 거의 무관할 것이다. 대신 지도자는 교육받은 사람들에 대한 분노를 조종한다.

폭도들은 서기 한 명을 붙잡아 그의 죄를 고한다. "저놈은 읽고 쓸 줄 압니다." 고발자들이 자세히 설명한다. "글씨 쓰기 교본을 늘어놓는 중에 붙잡았습니다(4막 2장 81)." 서기는 학생들의 쓰기 연습을 준비하고 있었다. 케이드가 이른바 심문을 실시한다. "너는 네 이름을 글씨로 쓰느냐? 아니면 정직하고 믿을 수 있는 사람처럼 기호로 표시하느냐?(4막 2장 92-93)" 만일 서기가 어떤 대답이 좋은지 알았다면, 자신이 문맹이며 이름을 기호로만 표시한다고 주장할 것이다. 그러나 그는 자신의 소양을 당당히 밝힌다. "하느님의 은총으로 교육을 잘 받아 글씨로 이름을 쓸 줄 압니다." 그러자 폭도가 외친다. "자백했다! 저놈을 끌어내라! 악당이고 반역자이다." 케이드가 군중의 요구를 받아들여 명령한다. "명하노니 저놈을 끌어내라! 저놈의 펜과 잉크 그릇을 목에 매달고 교수형에 처하라(4막 2장 94-99)."

잭 케이드는 그 자신의 표현을 빌리자면, 남자아이들이 "프랑스 왕관"을 놓고 동전 던지기 놀이를 하던 시절, 즉 잉글랜드가 "지팡이를 짚고 다녀야 하는 절름발이 신세(4막 2장 145-150)"가 되기 이전을 열망한다. 잉글랜드가 병약자들 때문에 길을 잃기 전에는 그 힘 앞에서 적들이 벌벌 떨었다. 이제 잉글랜드의 영광스러운 날갯짓을 되찾아야 한다. 케이드는 잉글랜드를 다시 위대한 나라로 만들겠다고 약속한다. 어떻게? 그는 군중에게 즉시 보여준다. 이 나라의 교육을 공격한다. 교육받은 권력 집단이 국민을 배신해왔다. 그들은 정의의 심판을 받아야 할 반역자들이며, 이 정의는 판사와 변호사가 정의하는 것이 아니라 지도자와 군중이 주고받는 상호 작용으로 정해진다. 잉글랜드의 재무장관 세이 경은 "프랑스 말을 하고 그래서 반역자이다(4막 2장 153)." 그의 논리는 완벽하다. "프랑스 놈은 우리의 원수이다.……이것 하나만 묻겠다. 원수의 말을 쓰는 자가 좋은 조언자가 될 수 있겠는가, 없겠는가?" 군중이 큰 소리로 대답한다. "어림없죠. 그러니 놈의 목을 베어버립시다!(4막 2장 155-158)"

폭도들이 런던의 방어선을 뚫고 도시로 몰려 들어가 문제의 세이 경을 붙잡았을 때 케이드는 승리의 감격에 도취한다. 잉글랜드 왕국의 재정 최고 책임자, 그가 쓸어버리겠다고 공언한 그 늪의 상징이 수중에 들어온 것이다(자신이 해내겠다고 한 일을 가리키며 케이드가 실제로 사용한 비유는 약간 소박하다. 그는 이렇게 선언한다. "나는 너희 같은 더러운 쓰레기를 왕궁에서 깨끗하게 쓸어내버릴 빗자루이다[4막 7장 27-28]"). 추종자들이 귀를 쫑긋 세우고 있는 상황에서 케이드는 죄수의 죄목을 하나하나 열거한다. 그는 노르망디를 프랑스에 넘긴 것보다 훨씬 더 큰 죄를 세이 경에게 뒤집어씌운다.

네놈은 문법 학교를 세워 왕국의 젊은이들을 타락하게 한 역적 중의 역적이다. 과거에 우리 조상들은 책 같은 것은 모르고 눈금 새긴 줄과 막대기만 가지고 살았는데 네놈이 인쇄술을 사용하게 했으렷다. 또한 국왕과 그의 왕관, 존엄에 반하여 종이 공장을 세웠지. (4막 7장 28-33)

교육받은 시민—책을 읽는 사람들—을 육성하자는 것, 이것이 세이 경의 가장 흉악한 범죄이다. 그리고 케이드에게는 이를 뒷받침하는 증거가 있다. "네 주변에는 평소에 명사와 동사를 들먹이면서 기독교인이라면 도저히 참고 들을 수 없는 가증스러운 단어를 쓰는 자들이 있지. 이것을 부인하지는 못할 것이다(4막 7장 36)."

물론 이 구절의 의도는 실소를 자아내는 것이다. 관객은 당연히 어이가 없어 웃게 된다. 그런데 셰익스피어는 결정적으로 중요한 것을 알고 있었다. 선동가의 웅변이 터무니없다는 것은 불을 보듯 뻔하지만, 그로 인해서 유발된 웃음이 그 속에 담긴 위협을 조금도 완화하지는 못한다는 것이다. 전통적인 정치 지도층과 교육받은 계층 전체가 케이드를 얼간이로 치부한다고 해도, 케이드와 그의 추종자들이 꼬리를 내리지는 않을 테니 말이다.

케이드가 자신의 권력의 기초를 잘 알고 있다는 사실은 명사와 동사에 관해서 허튼소리를 한 직후의 구절로 드러난다. "네 놈이 전국에 치안판사를 임명했다." 그가 세이 경에게 죄를 묻는다.

가난한 사람들을 판사 앞으로 불러 그들이 답할 수 없는 것들을 묻게 했지. 어디 그뿐인가? 가난한 사람들을 감옥에 처넣고, 글을 못 읽는다는 이유로 목을 매달았다. 실은 바로 그렇기 때문에 살려줄 가치가 있는데도 말이지. (4막 7장 36-41)

어떤 면에서 이 터무니없는 비난은 케이드가 거침없이 쏟아내는 막말의 연장선에 있다. 다시 말해서 범죄자가 단지 문맹이라는 이유로 용서받을 자격이 있다는 주장은 말도 되지 않는다. 그러나 이 농담에 이르러 우리는 간담이 서늘해진다. 부유하고 가문이 좋은 자들은 살인을 하고도 미꾸라지처럼 빠져나갈 수 있다는 것을 이 희곡은 이미 충분히 보여주었다. 게다가 셰익스피어의 관객들은 당대의 법정에서 이른바 "성직자의 특권(법정 대신 교회에서 재판을 받을 수 있는 성직자의 권리/역주)"이라는 제도가 시행되고 있음을 잘 알고 있었다. 이 법적 장치 덕분에 살인이나 절도로 사형을 선고받은 사람도 글을 읽고 쓸 줄 안다는 것을 입증하면 사형 제도가 없는 사법 권역으로 이송될 수 있었다. 글을 모르면 교수형을 당할 수 있다는 케이드의 고발은 더할 나위 없이 정확하다. 그의 고발은 교육받은 상류층에게 유리하도록 편파적으로 기울어진 사법 체계를 겨냥하고 있다.

그렇다면 케이드가 이끌어내는 하류층의 분노가 깊이 일렁이는 것은 당연하며, 케이드와 추종자들에게 조롱과 경멸이 쏟아져도 오히려 하류층의 분노를 달구리라는 것 또한 두말할 필요가 없다. "이 막돼먹은 촌것들아, 켄트의 쓰레기들아, / 교수형 감으로 딱 좋을 놈들아." 왕실 관리인 험프리 스태퍼드 경이 폭도들을 향해서 말을 퍼붓는다. "무기를 내려놓아라! / 그리고 살던 움막으로나 돌아가라!(4막 2장 111–113)" "쓰레기"라는 호칭은 오히려 그들의 지도자가 그들에게 형식적으로 보여주는 존중을 두드러지게 한다. "선량한 백성들이여, 여러분에게 할 말이 있노라." 케이드가 군중에게 말한다. "장래에 나는 너희를 다스리고자 한다. 나야말로 잉글랜드의 왕위를 계승할 적통이기 때문이다(4막 2장 118-120)." 기괴한 거짓말을 늘어놓는 그와 그 거짓말을 까발리려는 관리 사이에 공방전이 오간다. "이 악당 놈아, 네 아비는 미장이였어." 스태퍼드가 분노하여 외치자 케이드가 반격한다. "그래, 아담은 정원사였지(4막 2장 121-123)."

이 답변은 단지 왜곡된 결론이 아니라 그 이상을 담고 있다. 케이드의 말은 지난 14세기에 일어난 농민 봉기의 슬로건을 암시한다. "아담이 밭을 갈고 이브가 길쌈을 할 때 누가 신사 계급이었는가?" 당시 농민 봉기의 지도자이자 사제인 존 볼은 이 선동적인 운문의 의미를 다음과 같이 설명했다. "태초부터 모든 인간은 평등하게 창조되었다." 봉기가 끝나기 전에 반란군은 법정 기록에 불을 지르고, 교도소 문을 부수고, 왕실 관리들을 죽였다.

셰익스피어는 케이드의 봉기를 묘사하면서 평민의 반란이 유산 계급 사이에 불러일으킨 두려움과 증오를 도입한다. 농민 반란은 캄보디아의 폴 포트(수많은 국민을 심문과 고문으로 죽인 킬링필드로 유명한 독재자/역주)의 잔인무도함과 비슷한 것으로부터 추진력을 얻는다. 즉, 농민들의 목표는 단지 지위가 높은 귀족들을 처단하는 것이 아니라 교육받은 모든 계층을 완전히 제거하는 것이다. 목격자가 두려움에 떨며 보고한다. "학자, 법률가, 관리, 신사 등 이 모든 사람을 가리켜 남을 등쳐 먹는 벌레라고 칭하고 이들을 모두 죽이겠다고 합니다(4막 4장 35-36)." 지금까지 평민은 노예처럼 착취당했다. 이제 자유를 쟁취할 때이다. "귀족이나 신사는 단 한 명도 살려두지 않겠다." 케이드가 소름 끼치는 맹세를 하고 부하들에게 명한다. "반장화를 신고 다니는 자를 제외하고는 한 놈도 남겨두지 마라(4막 2장 169-170)." 반장화는 바닥에 징을 박은 농민의 신발이다. 농촌의 빈민은 도시의 반란에 참여하지 못했지만 농민은 "용기가 없을 뿐 / 우리 편을 들 것(4막 2장 172)"이라고 케이드는 장담한다. 농민은 문맹자와 읽고 쓸 줄 아는 자들의 전쟁에 동참하는 동지이며, 만일 농민이 용기를 낸다면 말 잘하는 세이 경같은 부류에게 돌아갈 소름 끼치는 최후에 환호할 것이다. "명하노니, 이자를 끌고 가서 즉시 목을 베라. 그런 다음 그의 사위 제임스 크로머 경의 집에 쳐들어가서 그놈 목도 베고 장대두 개에 하나씩 꽂아 이리 가져오너라(4막 7장 99-101)."

부하들이 그의 명령에 따라 머리 둘을 대령하자 케이드는 잔혹한 정치극 한 편을 연출한다. "저놈들이 서로 입 맞추게 하라." 그가 명령한다. "살아 있을 때 서로 끔찍이도 사랑했으니." 그후 이런 선동가들에게 완벽히 어울리는 잔인하고 가학적인 명령을 내린다. "이제 놈들을 떼어놓아라. 놈들이 프랑스의 도시를 몇 곳 더 넘기려고 속닥거리지 못하게(4막 7장 119-122)."

케이드는 독재자, 그것도 부유한 독재자가 되기를 열망한다. "왕국에서 제아무리 잘 나가는 귀족이라도 나에게 공물을 바치지 않으면 어깨 위에 머리가 붙어 있지 못할 것이다(4막 109-110)." 또한 케이드는 눈에 보이는 모든 여자와 잠자리할 권리를 상상한다. 그는 한동안 추종자들을 채찍질해서 광란의 파괴력을 끌어올린다. "피시 거리로 올라가라! 세인트 매그너스 코너로 내려가라! 죽이고 때려 부숴라! 놈들을 템스 강에 처넣어라!(4막 8장 1-2)" 그러나 그에게는 조직력도, 의지할 정당도 없다. 또한 우리 모두 알고 있듯이(그의 추종자들은 모르지만) 그는 사악한 요크 공작의 도구에 불과하다.

때가 무르익자 왕의 관헌이 케이드와 똑같은 방법으로 애국주의 정서와 약탈에 대한 꿈을 자극해서, 군중을 반란이 아닌 다른 방향으로 유도한다. "프랑스로, 프랑스로 가라, 잃어버린 것을 되찾아라!" 혼자 남은 케이드는 격분을 삼키고 살기 위해 도망치면서, 그를 따랐던 추종자들에게 저주를 퍼붓는다.

너희들이 옛날 그 자유를 되찾을 때까지 무기를 내려놓지 않으리라고 생각했다. 그런데 모두 비열한 겁쟁이라 귀족에게 돌아가 노예로 살기를 바라는구나. 귀족들의 짐을 지다가 허리가 부러지고, 비를 가려주는 집을 빼앗기고, 너희 아내와 딸들이 강간당하는 모습이 목전에 펼쳐지리라. (4막 8장 23-29)

잠시 후 굶주린 도망자로 등장한 케이드는 "풀이라도 먹을 수 있게, 생채소라도 딸 수 있게(4막 10장 6-7)" 어느 집 정원으로 숨어든다. 정원 주인은 쇠약해진 반역자를 단칼에 해치우고 그의 시체를 끌어낸다. "똥거름 더미가 네 무덤이 될 것이다(4막 10장 76)."

헨리 왕은 안도의 한숨을 내쉬지만, 케이드가 몰락했다는 소식이 당도하자마자 요크 공작이 아일랜드 군대를 이끌고 왕의 진지를 향해서 진격하고 있다는 급보가 날아든다. 영리한 요크 공작은 행동을 개시할 정도로 세력이 커질 때까지 자신의 의도를 숨기지만, 독백을 통해서 자기가 만족할 수 있는 것은 오직 왕관뿐임을 드러낸다. 뒤이어 프랑스 전쟁과 국내의 음모, 배신, 폭력이 뒤얽히며 사건이 복잡하게 전개된다. 그리고 최종적으로 두 정당, 붉은 장미와 흰 장미, 랭커스터 왕가와 요크 왕가의 전면전이 시작된다.

이 전쟁의 참상은 기본적인 가치―질서에 대한 존중, 예의 바름, 인간의 품위―의 붕괴를 집약적으로 나타낸다. 그리고 이로 인해서 폭군이 등극할 수 있는 길이 열린다. 우리는 이미 요크 공작과 서머싯 공작의 논쟁 속에서 붕괴의 씨앗을 보았다. 모호한 법률적 요점에 대한 사소한 이견이 빗발치듯 오가는 모욕으로 급속히 확대되는 모습을 보았다. 정당 정치의 출현으로 분노가 격해졌고 그런 뒤 요크 공작의 기만으로 험프리 공작이 살해당했고 잭 케이드의 반란이 일어났다. 그러나 내전으로 기만의 베일이 벗겨진다. 주요 정치인들은 이제 더는 그들의 크나큰 야망을 숨기지 않으며 잔혹한 충동을 부하를 통해 몰래 실행하지 않는다. 이 순간부터 권모술수가 횡행하는 복잡한 구성 때문에 셰익스피어 3부작의 마지막 희곡은 무대에 올리기 어렵기로 악명이 자자해졌으나, 몇 가지 측면은 특별히 주목할 만하다.

첫째, 혼돈 상태는 권력 투쟁의 결과를 누구도 예측 불가능하게 만든다. 본의를 숨기고 움직이면서 케이드 같은 대리인을 통해서 목적을 달성하려고 했을 때만 해도 요크 공작은 거의 무적의 불사신처럼 보였다. 그러나 안개가 걷히자─어느 순간 그는 실제로 왕좌에 앉아보지만, 금방 내려와야 했다─그와 그의 가족은 반대파의 직접적인 표적이 된다. 적들은 요크 공작의 12살 된 아들을 붙잡아 살해한다. 그리고 잠시 후 요크 공작마저 생포하고 아들의 피로 흠뻑 젖은 손수건을 그에게 조롱조로 건넨다. 적들은 요크 공작을 비웃고 그의 머리에 종이 왕관을 씌운 뒤 검으로 찔러 죽인다. 이것이 바로 요크 공작 자신이 분출시켜 정당화하려고 했던 사악한 잔인성이자, 독재자가 되고 싶었던 자의 말로이다.

둘째, 절대 권력에 대한 꿈은 단지 한 사람의 목표가 아니다. 그 시대의 관념상 절대 권력은 왕조에 대한 야망, 일종의 가업이다. 보통 권력을 아버지에서 장남으로(장남이 없을 때에는 장녀로) 승계하던 시대에, 독재자들이 애써 쫓아낸 군주를 본으로 삼아 자신의 후손에게 권력을 물려주고자 하는 것은 조금도 이상한 일이 아니었다. 심지어 승계가 선거로 결정되는 민주주의 체제에서도 왕조에 대한 야망은 사라지지 않았고, 오늘날 정치에서 오히려 강화되고 있는 것으로 보인다. 더구나 끊임없이 불안정할 수밖에 없는 독재자가 자기 가족보다 더 신뢰할 수 있는 사람이 누구겠는가?

그러나 가문의 이익은 셰익스피어가 묘사하는 영구적인 혼란의 한 가지 요소에 불과하다. 그 혼란은 또한 정당 정치의 결과이기도 한데, 이 희곡에서는 흰 장미와 붉은 장미를 꺾는 행위가 이를 상징한다. 요크 공작의 죽음으로 그의 당은 중대한 타격을 입었지만, 정통 군주를 무너뜨리려는 투쟁이 결코 끝나지는 않는다. 요크 당원들은 새로운 후보인 요크 공작의 아들 에드워드를 발견하고 온갖 수단을 동원해서 그의 정통성을 주장한다.

셋째, 어떻게 해서든 권력을 잡아야겠다고 결심한 정당은 전통적인 적국과 은밀한 계약을 맺는다. 해협 건너편 나라에 대한 적대감―프랑스로부터 잉글랜드의 영토를 되찾아야 한다는 과열된 애국주의적 주장이 끊임없이 부추긴 감정이자 영토 수복을 시도하다가 잃어버린 그 모든 부와 피 때문에 더욱 애끓는 감정―은 갑자기 녹아내린다. 요크 당원들―케이드라는 인물을 통해서 프랑스어를 말하는 것조차 반역 행위라고 여기는 척했던 자들―은 프랑스와 일련의 비밀 협상을 벌인다. 명목상 이 협상은 왕실 간 결혼을 성사시켜서 적대 관계를 청산하자는 것이지만, 실제로는 마거릿 왕비가 냉소적으로 말했듯

기만적인 포퓰리즘　　73

이 "필요해서 지어낸 사기"이다(『헨리 6세 3부』 3막 3장 68). 에드워드 플랜태저넷을 왕위에 올리기 위해서 요크 당원들은 이 후보자의 권력을 강화하고자 애를 쓴다. 에드워드에게는 아직 헨리를 쓰러뜨릴 힘이 없지만, 그의 당은 그 힘을 어디에서 찾든, 심지어 조국을 배신하는 일마저 불사하고 손에 넣으려고 할 것이다. 요크 당이 틈만 나면 혐오하는 프랑스인에게 그렇게나 많은 영토를 빼앗겼다고 개탄하면서 목청을 돋워 그 책임을 헨리에게 돌렸다는 것은 중요하지 않다. 이제 갑자기 요크 당은 적에게 "호의와 거짓 없는 사랑(3막 3장 51)"의 쇼를 펼친다. 탤벗을 비롯한 열렬한 애국자들은 순진하게도 국가에 대한 충성이 개인의 이익보다 중요하다고 믿는다. 반면에 마거릿 왕비 같은 냉소적인 분석가는 그들만큼 어리석지 않다. 마거릿이 묻는다. "해외에서 강력한 동맹을 맺지 못한다면, 폭군이 어떻게 자국을 안전하게 다스릴 수 있겠소?(3막 3장 69-70)"

넷째, 공정하고 온건한 지도자는 대중의 감사나 지지에 의존할 수 없다. 왕국을 집어삼킨 광란의 무질서 속에서는 이 원칙이 명백히 배신당해도 대중이 격분하지 않는다. 다른 시기였다면 역모 혐의를 촉발했을 일도 그러려니 하고 자연스럽게 받아들인다. 또한 역모를 마땅히 처벌하지 않는다면, 덕행에 보상할 명분도 없어진다. 어쩌면 그런 기대가 언제나 착각에 불과했을지도 모른다. 제대로 된 통치자는 절대로 민중의 감사에 의존해서는 안 된다. 이는 이미 케이드의 반란에서 입증되었지만, 내전이 최고조에 달할 때 훨씬 더 치명적으로 드러난다. 헨리는 몰락을 눈앞에 둔 시점에 자신은 언제나 남을 배려하는 공정하고 온건한 왕이었으니, 백성이 자신을 지지하리라는 자신감을 표현한다. 충분히 정당한 주장이지만, 치명적인 실수는 그 때문에 자신이 대중의 지지를 확보할 수 있다고 생각한 것이다. 헨리가 마음을 가라앉히고 말한다.

> 나는 그들의 요구에 귀를 막은 적이 없었고
> 그들의 청원을 미룬 적이 없었소.
> 나의 동정심은 그들의 상처를 치유해주었고
> 나의 온화함은 그들의 복받치는 슬픔을 달래주었으며
> 나의 자비는 그들이 흘리는 눈물을 마르게 해주었소.
> 나는 그들의 재산을 탐하지 않았고
> 과도한 세금으로 무겁게 짓누르지 않았으며
> 큰 잘못을 저질러도 앙갚음을 하지 않았소.
> 그런데 왜 백성이 나보다 에드워드를 더 사랑하겠소?
>
> (4막 9장 7-15)

그러나 권력 다툼을 끝내는 전투에서 요크 당이 승리하고 진실의 순간이 왔을 때, 덕망 있는 헨리를 지지하는 물결은 끝내 일지 않았다. 먼저 후계자인 아들이 요크 공작의 아들들에게 붙잡혀 칼에 찔리고, 다음으로 그 자신도 요크 공작의 아들 중 가장 무자비한 글로스터 공작 리처드의 손에 죽는다. 요크 당의 지도자 에드워드 플랜태저넷이 왕위에 오른다.

다섯째, 국가적 혼란이 끝나 질서가 확실히 회복된 것처럼 보이는 것은 착각일 수 있다. 에드워드는 "장대한 축하연을 열고 유쾌한 놀이를 하며 / 떠들썩하게 시간을 보내고" 싶어하며, 그의 부친인 요크 공작보다 절대 권력에 대한 환상에 훨씬 적게 물든 온건한 인물이다. 나라를 정상적이고 합리적인 통치로 돌리기 위해서 에드워드는 집단 망각이 일어나 모든 국민이 좀처럼 깨어나지 못하는 이 악몽이 잊히기를 바란다. 그러한 기억상실을 권장하는 마음으로 그는 자신의 당이 일으킨 유혈사태를 "불쾌하고 성가신 기억"으로 묘사한다. 그리고 모든 위협이 완전히 사라졌다고 유쾌하게 선언한다. "그렇게 해서 우리는 모든 의혹을 일소하고 / 안전한 발판을 만들었노라(5막 7장 13-14)."

새로운 왕의 최종 발언으로는 왕국의 모든 문제가 행복하게 해결된 것처럼 보인다. "이제 우리의 영원한 기쁨이 시작되기를(5막 7장 46)." 그러나 셰익스피어의 장미 전쟁 3부작이 끝날 무렵 관객은 그 기쁨이 절대 영원하지 않을 것임을 직감한다. 사실 요크 당이 승리하고 그로 인해서 에드워드에게 왕권이 돌아온 것은 그의 억세고 용감한 두 형제, 클래런스 공작 조지와 글로스터 공작 리처드 덕분이었다. 물론 조지는 내전이 한창일 때 잠시 흔들려서 랭커스터 가문의 편에 서기도 했지만, 다시 돌아와 요크 당의 대의를 위해서 싸웠다. 리처드는 한순간도 흔들리지 않았고, 헨리 6세를 죽인 것도 그였다. 그러나 왕이 피를 흘리며 발밑에서 죽어갈 때 리처드는 믿을 사람은 오직 자신뿐이라고 은밀하게 밝힌다. "나는 형제가 없다." 그는 이렇게 선언한다. "나 혼자뿐이다(5막 6장 80-83)." 새로운 폭군이 무대 옆에서 대기하고 있다.

4
성격의 문제

셰익스피어의 『리처드 3세』는 『헨리 6세』 3부작을 통해서 미리 밑그림을 보여준 야심만만한 폭군의 세 가지 성격 특징을 자세히 전개한다. 터무니없는 자존심, 고통을 주면서 즐거워하는 가학적 성향, 강박적인 지배 욕구가 그것이다. 주인공은 병적으로 자아에 도취하고 엄청나게 오만한 인물이다. 이 기괴한 특권 의식의 소유자는 자기가 선택한 일이라면 무엇이든 할 수 있다고 믿어 의심하지 않는다. 그는 호통치듯이 명령하기를 좋아하고 부하들이 종종걸음치며 임무를 수행하는 모습을 흐뭇하게 지켜본다. 절대적인 충성을 기대하지만 감사할 줄은 모른다. 남들의 감정 따위는 그에게 아무것도 아니다. 타고난 우아함, 기본적인 인간애, 품위와 예의 따위는 전혀 모른다.

그는 단지 법에 무관심한 것을 넘어 법을 싫어하고 법을 어기는 데에서 즐거움을 얻는다. 법을 싫어하는 이유는 법이 성가시게 걸리적거리기 때문이고 자신이 경멸하는 공익 개념을 대변하기 때문이다. 그는 세계를 승자와 패자로 나눈다. 그가 승자를 존중하는 것은 자신의 목적을 위해서 승자를 이용할 수 있는 한에서이고, 패자는 그저 경멸의 대상에 그친다. 공익이란 패자들만이 들먹거리는 것이다. 그가 입에 담고 싶어하는 것은 승리뿐이다.

그는 항상 부유했다. 부유한 환경에서 태어나 부를 마음껏 누린다. 그런데 돈으로 살 수 있는 것을 손에 넣으며 즐거워하는 것은 사실이지만, 그를 가장 자극하는 것은 그것이 아니다. 그를 흥분시키는 것은 지배의 기쁨이다. 그는 약자를 못살게 구는 불량배이다. 쉽게 격노하는 탓에, 자기를 방해한다 싶으면 누구에게나 맹렬히 덤빈다. 그는 다른 사람들이 움츠리거나 벌벌 떨거나 아파서 움찔거리는 모습을 보며 즐거워한다. 그는 타인의 약점을 귀신같이 간파하고 조롱과 모욕에도 능숙하다. 이러한 기술 때문에 그와 비슷하게 잔혹한 쾌감에 끌리는 추종자들이 주변에 모이지만, 그가 가진 가학성의 정도는 타의 추종을 불허한다. 추종자들은 그가 위험하다는 것을 알면서도 그가 목표를 향해 나아가도록 돕는다. 물론 그의 목표는 절대 권력을 차지하는 것이다.

그의 권력 전유에는 여성에 대한 지배가 포함되지만, 자세히 들여다보면 여성을 원하는 마음보다는 여성을 경멸하는 마음

80

이 훨씬 크다. 그는 성적인 정복에 들뜨고 흥분하지만, 단지 자신이 원하면 무엇이든 가질 수 있다는 사실이 끝없이 입증되기 때문이다. 그는 노리개가 된 사람들이 자신을 미워한다는 것을 안다. 그 점에서라면, 그는 정치에서든 성에서든 일단 자기를 매혹시킨 지배력을 손에 넣고 나면 사실상 모든 사람들이 자신을 미워한다는 것도 안다. 이를 처음 깨달았을 때에는 의지가 불타오르고 초조한 마음으로 경쟁 상대와 음모를 경계한다. 그러나 그로 인해서 금방 심신이 무너지고 고갈된다.

조만간 그는 쓰러진다. 그리고 사랑해주는 사람도 슬퍼해주는 사람도 없이 눈을 감는다. 그가 떠난 곳에는 폐허만 남는다. 차라리 리처드 3세가 태어나지 않았다면 더 나았을 것이다.

셰익스피어가 리처드 3세의 초상을 그릴 때 기초로 삼은 자료는 토머스 모어가 쓰고 이후 튜더 왕조 시절에 연대기 작가들이 몇 번이고 우려먹은, 대단히 편향적이고 당파적인 선전용 기록이었다. 그러나 셰익스피어의 희곡은 묻는다. 그의 정신병증은 어디에서 유래했을까? 그리고 어떻게 형성되었을까? 셰익스피어의 상상 속에서 이 폭군은 자신이 추남이라는 의식, 즉 태어날 때부터 사람들에게 혐오나 공포감을 일으켜 뒷걸음치게 만든 보기 흉한 신체로부터 탄생했다. "산파가 놀랐고 여인들은 외쳤지 / 오, 주님. 우리를 지켜주소서. 갓 태어난 아기에게 이가 있다니!(『헨리 6세 3부』 5막 6장 74-75)" 그가 회고한다. "그래, 난 그렇게 태어났다. 무슨 의미인지는 아주 명확해. / 개처럼 으르렁거리고 물고 뜯으라는 것이지."

리처드의 젖니는 상징성이 강하다. 리처드 본인이 자신의 이야기에 끼워 넣었고, 다른 이들이 살을 붙여 진짜처럼 생생하게 만든 결과이다. 리처드의 어린 조카 요크가 재잘재잘 지껄인다. "삼촌은 태어난 지 두 시간 만에 딱딱한 빵 껍질을 갉아먹었대요!(『리처드 3세』 2막 4장 27-28)" "누가 그렇게 말하든?" 리처드의 어머니인 요크 공작부인이 묻자, 소년이 "삼촌의 유모요"라고 대답한다. 공작부인이 의문을 제기한다. "리처드의 유모? 그 여자는 네가 태어나기 전에 죽었는걸(2막 4장 33)." 소년이 말한다. "그 유모가 아니라면, 누구한테 들었는지 생각나지 않아요(2막 4장 33)." 리처드의 유아기는 전설의 소재였다.

리처드는 산파와 시중 들던 여자들의 반응을 언급하지만, 그의 불길한 탄생 이야기는 주로 그의 어머니로부터 유래했음을 쉽게 짐작할 수 있다. 요크 공작부인은 아들뿐 아니라 그밖의 모든 사람에게 아들의 난산과 아들 몸에 있는 혐오스러운 자국들에 대해서 귀가 아프도록 이야기했다. 그녀는 아기를 낳을 때 겪었다는 "고통, 통증, 괴로움(『리처드 3세』[4절판] 4막 4장 156)"을 되풀이해서 이야기하고, 이 주제는 자기 마음을 입밖에 낼 만큼 경솔하거나 자포자기한 자들이 리처드를 겨냥해서 날리는 비난으로 쓰인다. "네 어미는 그 누구보다도 지독한 산고를 겪었지." 운이 다한 헨리 6세가 자신을 포획한 리처드에게 일깨워준다. "하지만 너를 낳고 보니 어미의 기대에는 못 미치는 아이, / 덜 여물고 형태도 괴상한 고깃덩어리였어(『헨리 6세 3부』 5막 7장 49-51)." 붙잡힌 왕은 여기에서 그치지 않고 젖니 이야기를 꺼낸다. "태어날 때 넌 이가 나 있었지. / 그건 네가 세상을 물어뜯기 위해서 왔다는 뜻이다." 리처드는 참지 못하고 소리친다. "더는 듣지 않겠다!" 그리고 포로가 된 국왕을 찔러 죽인다(5막 7장 53-57).

리처드는 정신적으로 심각한 문제에 시달리고 주변 사람들은 이를 곧 알아차린다. 다만 남에게 들키지 않기를 바랄 뿐 본인도 자신의 내적 혼란을 인지한다. 그의 도덕적, 심리적 기형을 설명할 때 당대 사람들은 그의 신체적 기형에 주목했는데, 그렇게 비틀어진 척추를 사람들은 곱사등이라고 불렀다(오늘날이라면 우리는 중증 척추 측만증으로 진단할 것이다). 사람들에게는 마치 우주의 삼라만상이 그의 내적 상태를 겉으로 표현한 것처럼 보인다. 리처드도 동의한다. "그렇다면 하늘이 나의 몸을 이렇게 만들었으니. 제기랄, 나의 마음도 이 몸에 화답하여 비틀어지게 하리라(5막 6장 78-79)." 그는 일반적인 인간의 감정─그는 자신에게 "동정심도 사랑도 없고 두려움도 없다(5막 6장 68)"고 말한다─을 느끼지 못하므로, 기꺼이 그의 몸에 낙인처럼 찍힌 신체적 결함에 자신의 마음을 일치시키고자 한다.

셰익스피어는 신체적 기형이란 도덕적 기형의 징표라는 당대의 문화적 믿음을 거부하지 않고, 자연이든 신이든 더 높은 존재가 악당의 사악함을 눈에 보이게끔 외적으로 드러낸다는 관념을 받아들여도 되는 것처럼 묘사한다. 리처드의 신체적 기형은 그의 사악함을 드러내는 일종의 초자연적인 징조 또는 상징이다. 그러나 셰익스피어는 지배적인 주류 문화에 맞서서 그 반대 역시 참이라고 주장한다. 리처드의 기형—아니, 어쩌면 그의 기형에 대한 사회의 반응—이 그가 가진 정신병증의 뿌리라고 말이다. 이 조건은 자동적으로 형성된 것이 아니다. 분명 척추가 틀어진 사람이 모두 교활한 살인자가 된다는 증거는 어디에도 존재하지 않는다. 반대로 셰익스피어에 따르면, 어머니의 사랑을 받지 못하고 또래들에게 조롱당한 탓에 자기 자신을 괴물로 여길 수밖에 없게 된 아이는 그것을 보상하는 어떤 심리적 전략들을 개발하게 되는데, 그중 몇몇 전략은 자기 자신과 남들을 파괴하는 특성을 띠게 된다.

리처드는 형 에드워드가 매력적인 여자에게 구애하는 것을 보게 된다. 분명 이전에도 본 적이 있는 광경이다. 그의 형은 호색가로 악명이 높다. 그리고 그 모습을 보니 비통한 감정이 올라온다. "사랑의 여신은 어머니의 뱃속에서부터 나를 저버렸다." 생각에 잠긴 그는 이 버림받음이 영원하도록 여신이 자연과 공모했다고 확신한다.

나의 팔은 시든 나무처럼 오그라들고
나의 등에는 시온 산에 버금가는 언덕을 붙여놓았고

기형이라는 놈이 그 위에 앉아 나의 몸을 비웃고

나의 두 다리를 짝짝이로 만들어놓고

이 몸 구석구석에 불균형을 심어놓았지.

(『헨리 6세 3부』 3막 2장 153-160)

그는 자기가 성애적 행위를 성공적으로 해낼 수 있다고 상상하는 것조차 기괴한 일이라고 생각한다. 이 세상 누구도 그의 몸을 사랑할 수 없을 것이다. 따라서 그는 "여인의 무릎 위에 나의 천국(3막 2장 148)"을 만드는 데에서 느끼는 삶의 즐거움을 얻지 못할 것이다. 그러나 이 고통스러운 상실을 상쇄할 방법이 있다. 자신과 달리 재능과 자질을 충분히 가진 사람들을 못살게 구는 것이다.

리처드는 요크 공작의 막내아들이자 현 국왕 에드워드 4세의 동생으로, 사회적 위계의 최상위에 있다고 할 수 있다. 그가 못 듣는 거리에서 사람들이 그를 "두꺼비"나 "수퇘지"라고 부르면서 잔인한 농담을 주고받는다는 것을 그는 알고 있다. 그러나 또한 높은 신분 덕택에 밑에 있는 자들을 꼼짝 못 하게 할 수 있는, 거의 무한한 권위가 자신에게 주어져 있다는 것도 알고 있다. 리처드는 이 권위에 오만함, 폭력적인 성향, 귀족의 면책 의식을 결합한다. 어떤 명령을 내릴 때 그는 상대가 즉시 복종하기를 기대한다. 자신이 죽인 왕의 운구 행렬과 마주치자 리처드는 운구하는 신사들과 무장한 수행원들에게 걸음을 멈추고 관을 내려놓으라고 독단적으로 명령한다. 처음에 그들이 거부하자 그는 그들에게 모욕적인 말—"악당", "버릇없는 개", "거지"—을 퍼붓고 죽여버리겠다고 위협한다(『리처드 3세』 1막 2장 36-42). 그가 가진 사회적 지위가 그토록 강력하고 그 힘을 휘두를 때의 자신감이 그토록 큰 탓에 사람들은 그 앞에서 덜덜 떨고 순순히 복종한다.

이러한 지배는 외톨이 리처드의 손상된 자아상을 지탱하고, 거절당하는 고통을 예방하고, 그를 곧추 일으켜 세우는 효과를 낸다. 그가 느끼기에는 마치 그 몸이 남들에게 조롱당할 뿐 아니라 그 자체를 끊임없이 조롱하는 것만 같다. 신체적 균형을 잃은 몸은 "혼돈과 같다(『헨리 6세 3부』 3막 2장 161)." 힘을 행사하면, 특히 사람들을 비틀거리게 힘을 행사하면, 그 혼돈 같은 불균형 감각이 무뎌진다. 적어도 그는 그러기를 소망한다. 이는 단지 남들에게 명령을 내려 시키고 싶은 일을 하게끔 하는 문제가 아니다. 물론 그것도 기분 좋은 일이지만, 사람들이 떨거나 비틀거리거나 쓰러지게 하는 재미가 쏠쏠한 것이다.

셰익스피어의 작품에 묘사되어 있듯이 리처드는 자신의 신체적 기형, 심리적 성향, 가장 중요한 정치적 목표를 하나로 묶는 연결 고리를 소름 끼칠 정도로 명확히 인식한다.

이 세상은 나에게 어떤 기쁨도 주지 못하네.
하지만 나보다 더 나은 [외모를 가진] 자들을 앞에 놓고

명령하고 꾸짖고 제압하기 위해서

내가 꿈꿀 만한 천국을 왕관 위에 만들겠다. (3막 2장 165-168)

리처드는 자기 자신이 누구인지를 특유의 비뚤어진 방식으로 대단히 명쾌하게 아는 사람이다. 그는 자기가 무엇을 느끼는지, 자기에게 무엇이 부족한지, 그리고 기쁨을 위해서 무엇을 가져야 하는지(혹은 적어도 무엇을 가지고 싶어하는지)를 안다. 절대 권력—모든 사람을 쥐고 흔들 수 있는 힘—은 이 기쁨의 극단적 형태이며, 실제로 그는 이 천국의 맛에 미치지 못하는 것에는 절대 만족하지 못한다. 그는 선언한다. "나의 흉측한 몸통에 달린 이 머리 위에 / 빛나는 왕관을 두를 때까지 / 이 세상을 지옥으로 여길 것이다(3막 2장 169-171)."

리처드는 자신이 단지 소원을 성취하는 환상 속에만 머물러 있다는 것을 잘 알고 있었다. 형인 에드워드 왕에게는 왕위를 계승할 수 있는 어린 아들이 둘이나 있다. 둘 다 해치워야만 한다. 또한 큰형이자 클래런스 공작인 조지가 있다. 리처드와 그가 열망하는 왕관 사이에는 거대한 틈이 있다. "아, 그렇다면." 그가 말한다.

나는 군주가 되기를 꿈꿀 뿐

어떤 사내가 곶 위에 서서

닿고자 하는 머나먼 해안을 바라보며

성격의 문제   87

발도 눈과 함께 가기를 간절히 바라듯이

그와 그곳을 갈라놓은 바다를 꾸짖으면서

바닷물을 모두 퍼낸 뒤에 걸어가겠노라고 말하듯이.

(『헨리 6세 3부』 3막 2장 134-139)

언젠가는 주변의 모든 사람을 마음대로 괴롭힐 힘을 가지겠다고, 사랑받지 못하고 뒤뚱거리기만 하는 몸을 그렇게 해서라도 보상받겠다고 꿈꾸는 이 뒤틀린 남자는 어디인가 절망적이고 비통하기까지 하다. 본인도 애처롭게 인정하듯이, 그는 "가시덤불에서 길을 잃어" 가시에 찢기고 밝은 하늘을 찾기 위해서 고통 속에서 분투하는 사람과 비슷하다.

이러한 상황에서 리처드가 가진 주 무기는 그의 야심이 터무니없다는 것 그 자체이다. 제정신이 있는 사람이라면 그 누구도 리처드가 진지하게 왕위를 노린다고는 생각하지 않을 것이다. 그리고 그는 특별한 데다가 그의 경우에는 필수적이기도 한 한 가지 기술에 능통하다고 확신한다. 그는 탁월한 사기꾼이다. 그는 자화자찬한다. "그래, 난 웃을 수 있지. 웃으면서 사람을 죽일 수도 있어."

나를 슬프게 하는 것을 보며 "흡족하다!"라고 외칠 수 있고

거짓 눈물을 짜내 뺨을 적실 수 있으며

모든 상황에 맞추어 낯빛을 바꿀 수 있지. (3막 2장 182-185)

연극 배우를 능가하는 사기꾼의 재능을 지닌 것이다.

『리처드 3세』를 여는 장대한 독백에서 리처드는 『헨리 6세』 3부작이 어디에서 끝났는지 관객에게 일깨운다. "이제 우리의 불만스럽던 겨울이 / 요크 가문의 이 아들의 손에 찬란한 여름으로 바뀌었구나(『리처드 3세』 1막 1장 1-2)." 그후 셰익스피어는 다시 창을 열어 그의 성격을 들여다본다. 잉글랜드는 마침내 평화로워졌으나 뒤틀린 글로스터 공작은 결코 평화롭지 못하다. 모든 사람이 즐거운 곳으로 눈을 돌리지만, 그는 아니다.

하지만 난 유희를 즐길 수 있는 몸도 아니고
거울 앞에서 희열을 느낄 수 있게 생겨 먹지도 않았지.
나의 얼굴은 거칠게 뭉개져서
요염하게 거니는 아가씨 앞에서
점잔 빼며 걸어갈 사랑의 위엄도 갖추지 못했어.
나는 그런 조화로운 비율을 박탈당했지.
저 가식적인 자연에 속아
형태가 틀어지고 마무리가 부실하고
절반을 갖추지 못한 채 서둘러 세상에 던져졌어.
또한 절름발이에 멋대가리도 없어서
길을 가다 멈추면 개가 짖을 정도지.
그래, 피리 소리 들리는 이 무료한 태평성대에
즐겁게 살아갈 이유가 하나도 없구나. (1막 1장 14-25)

성격의 문제

"형태가 틀어지고 마무리가 부실하고 절반을 갖추지 못한 채 서둘러 세상에 던져졌기" 때문에 리처드는 사랑할 엄두조차 내지 못하고 그 대신 무슨 수를 써서라도 권력을 잡겠다고 다짐한다.

보상 이론—권력은 성적 쾌락의 대체물이다—이 독재자의 심리를 충분히 설명한다고 셰익스피어는 말하지 않는다. 그러나 독재 권력에 대한 갈망과 좌절된 혹은 손상된 성 심리 사이에 유의미한 관계가 있다는 확신을 중심에 놓고 끌고 간다. 또한 개인의 자아상에 남은 지속적인 트라우마는 어린 시절의 경험—자신이 추하다는 청소년기의 두려움, 다른 아이들의 잔인한 조롱, 혹은 아주 어렸을 때 경험한 보모와 산파의 반응—으로 거슬러올라갈 수 있다는 확신을 준다. 셰익스피어가 생각하기에 무엇보다도 어머니가 자식을 사랑하지 않았거나 사랑할 줄 몰랐을 때에는 그로부터 회복할 수 없는 손상을 받을 수 있다. 리처드가 그를 극구 멀리한 사랑의 여신과 그의 팔을 마른 나뭇가지처럼 쪼그라뜨린 자연에 격하게 화를 내는 것은 어머니에 대한 분노를 가리는 얇은 막에 불과하다.

『리처드 3세』는 셰익스피어가 모자 관계를 묘사한 드문 작품이다. 그의 줄거리는 부자 관계에 초점을 맞출 때가 훨씬 더 많다. 대표적인 예로 『한여름 밤의 꿈 A Midsummer Night's Dream』의 아이게우스, 제목과 주인공 이름이 같은 두 편의 연극에서의 헨리 4세, 『헛소동 Much Ado About Nothing』의 레오나토, 『오셀로 Othello』

의 브라반티오, 『리어 왕』의 리어와 글로스터 공작, 『템페스트 The Tempest』의 프로스페로가 있다. 그뿐 아니라 아이를 낳은 여성에 대한 기억을 묘사하는 경우는 거의 없다. 『헨리 6세』 3부작에서는 요크 공작의 네 아들—에드워드, 조지, 러틀랜드, 리처드—을 그리지만 그들의 어머니를 소개하는 글은 한 줄도 없다. 그 3부작의 강조점은 개인이나 가문이 아니라 왕국 전체가 어떻게 내전에 빠져드는가에 있다. 그러나 셰익스피어가 폭군의 성격—국가의 파멸을 향해서 그를 나아가게 하는 내면의 원통함, 무질서, 폭력성—을 묘사할 때에는 모자 관계에 무엇이 잘못되어 있었는지를 탐구할 필요가 있었다.

『리처드 3세』에서 리처드의 어머니인 요크 공작부인은 처음 등장하는 순간부터 자신이 아들을 괴물로 여긴다고 못을 박는다. 그렇게 여길 이유는 충분하다. 요크 공작부인은 자세한 내막은 모른 채 병약한 장남 에드워드가 아니라 리처드가 조지 (클래런스 공작/역주)를 살해한 배후라고 의심한다. 리처드는 조카들, 즉 고아가 된 조지의 아이들에게 깊은 동정과 사랑을 표현하지만, 공작부인은 아이들—부인이 아이들을 부르는 말로는 "아무것도 모르는 철부지들"—에게 삼촌의 말은 한마디도 믿지 말라고 경고한다. "할머니, 삼촌이 우리를 속이고 있다고 생각하세요?" 한 아이가 묻자 그녀가 딱 잘라 대답한다. "그렇단다, 얘야." 공작부인은 두 가지 모순되는 감정, 즉 치욕과 부인의 뒤섞임을 표현한다. "리처드도 나의 자식이야. 그러니 참

성격의 문제　　　91

으로 수치스럽구나." 공작부인은 이렇게 인정하지만 즉시 책임을 회피한다. "하지만 리처드가 그런 거짓을 나의 가슴에서 빨아들인 것은 아니란다(『리처드 3세』 2막 2장 18, 29−30)." 에드워드가 죽었다는 소식이 당도하고 네 아들 중에 유일하게 리처드만 남게 되자 그녀의 수치심은 더욱 깊어진다. "이제 위안이 될 만한 것이라고는 일그러진 유리[즉, 거울]밖에 없구나." 그녀가 비통하게 말한다. "그 아이를 볼 때마다 나의 수치가 비치는 것이 슬프기만 하구나(2막 2장 53−54)."

이때 리처드가 등장하여 자식의 예를 갖추어 무릎을 꿇고 어머니의 축복을 구한다. 공작부인은 틀에 박힌 말로 아들을 축복하지만, 자기 몸에서 나온 아들에 진저리가 나는 것이 분명하다. 희곡 후반부에서는 공작부인이 리처드 때문에 하루하루 말라가는 여자들─죽은 헨리 6세의 아내인 늙은 마거릿, 죽은 에드워드의 아내 엘리자베스, 그리고 리처드의 비참하리만치 불행한 아내 앤─에게 슬픔과 분노을 터뜨리라고 촉구한다. "다 같이 독설을 퍼부어 / 나의 자식놈의 / 숨길을 막아버리세(4막 4장 133−134)." 리처드가 여자들 앞에 나타나자 공작부인은 먼저 아들의 외모를 볼 때마다 치밀어오르는 혐오를 고스란히 담아 불러야겠다고 생각한다. "이 두꺼비, 흉측한 두꺼비." 그런 뒤 아들에게 말한다. 만일 그가 뱃속에 있을 때 목을 졸라 죽여버렸다면, 그가 이 세상과 그녀의 삶에 몰고 온 그 모든 불행을 막을 수 있었을 것이라고 말이다.

92

네가 태어난 것은 나에게 지옥을 안겨주기 위해서였다.

너를 낳을 때 나는 이루 말할 수 없는 고통을 겪었다.

요람에 있을 때에는 까탈스러운 고집불통이었고

학교에 다닐 때에는 거칠고 난폭하고 소란스러웠고

한창때가 되어서는 무모하고 뻔뻔스럽고 경솔했지.

나이가 들자 드디어 오만하고 교활하고 잔인해졌구나.

(4막 4장 167-172)

공작부인은 아들과 다시는 말을 섞지 않겠다고 선언하고, 마지막으로 아들에게 저주를 퍼부으며 그의 죽음을 기원한다. "너는 무참한 인간이니, 너의 최후도 무참하리라."

어머니의 수치와 혐오는 단지 아들이 저지른 사악한 행동의 결과가 아니다. 두 감정은 그녀가 갓 태어난 아기를 처음 보았을 때로, 고약하고 고집이 센 그의 유아기로 거슬러올라간다. 에드워드와 조지에게는 어머니다운 부드러움과 염려를 표현했던 것과는 달리, 그녀가 기형인 리처드에게 느낀 감정은 오직 역겨움과 혐오였다.

그러자 놀랄 것도 없이 리처드는 트럼펫과 북을 울려 그녀의 저주를 삼켜버리라고 명령한다. 그러나 연극은 어머니의 거부가 그에게 닿아 그의 마음에 조급함과 분노 이상의 어떤 감정을 던져놓고 갔다고 넌지시 전한다. 또한 이 거부에 대한 반응으로 리처드는 모든 사람이 그에게 귀를 열고 주목하고 고개

를 끄덕이게 하는 평생의 전략을 전개했다고 암시한다. 리처드
에게는 불가사의한 능력—그리고 셰익스피어가 보기에 폭군
의 가장 특징적인 자질—이 있다. 주변 사람들이 원하든 원하
지 않든 그들의 마음속으로 밀고 들어가는 것이다. 마치 자신
이 겪은 고통을 보상하기라도 하듯이 그는 모든 곳, 모든 사람
의 마음에 힘으로든 기만으로든, 폭력으로든 세뇌로든 버젓이
존재하는 법을 찾아낸 것처럼 보인다. 아무도 그를 몰아낼 수
없다.

5

조력자의 유형

리처드의 극악함을 알아보지 못하고 지나칠 사람은 거의 없을 것이다. 그의 냉소적인 사고방식, 잔인함, 배신 행위에 깊은 비밀 같은 것은 전혀 없고, 그의 마음에는 구제할 만한 면이 조금도 보이지 않으며, 그가 나라를 잘 다스릴 것이라고 믿을 이유도 찾아볼 수가 없다. 그렇다면 이 희곡에서 파헤치는 질문은 그런 사람이 어떻게 실제로 잉글랜드의 왕위에 올랐는가 하는 것이다. 셰익스피어의 암시에 주목하자면, 그 성취는 그를 둘러싼 인물들의 다양하지만 하나같이 자기 파괴적이기만 한 반응들이 얽히고설켜서 만들어낸 치명적인 결과이다. 그러한 반응들이 하나로 합쳐진 끝에 국가 전체가 파국을 맞는다.

몇몇은 리처드에게 진짜로 속아 그의 권위를 인정하고, 그의 공약을 믿고, 그의 감정 표현을 액면 그대로 받아들인다. 리처드가 승승장구하는 것을 돕거나 막을 힘이 거의 없기 때문에—그들은 대개 어린아이로, 너무 순진하고 무지하거나 그저 무력한 탓에 정치판에서 중요한 역할을 하지 못한다—그들은 단지 순진한 바보 혹은 희생자에 머문다.

또한 괴롭힘이나 폭력의 위협 앞에서 두려움이나 무기력함을 느끼는 사람들이 있다. 리처드가 "나에게 복종하지 않는 자는 시체로 만들겠다(『리처드 3세』 1막 2장 37)"라고 위협하자 그의 무도한 명령에 반대하는 기류가 이내 잦아든다. 그가 엄청난 특권을 누리는 부유한 사람인 데다가 도덕적 규범을 모두 어기며 고집대로 밀고 나가는 것에 익숙하다는 사실이 한몫을 한다.

다음으로, 리처드가 겉으로 보이는 것만큼이나 내면도 사악하다는 것을 제대로 파악하지 못하는 사람들이 있다. 그가 병적으로 거짓말을 한다는 것을 알고 있으며, 지금까지 온갖 소름 끼치는 짓을 저질러왔다는 것도 분명히 알고 있지만, 마치 그가 얼마나 끔찍한지를 기억하는 일이 너무나 어렵다는 듯이 그들은 이상하게도 진실을 망각한다. 그들은 마법에 이끌리듯 저항도 하지 못하고 비정상을 정상으로 간주한다.

또다른 유형으로는 리처드가 구제 불능이라는 점을 잊지 않으면서도 모든 것이 정상적으로 유지되리라고 믿는 사람들이 있다. 그들이 믿는 바에 따르면, 이 나라에는 약속이 지켜지고 동맹이 유지되고 중요한 제도가 흔들리지 않게끔 지키는 어른

이 충분하다. 리처드는 최고 권력의 자리에 너무나 명백하게 부적합하므로 안중에 둘 필요가 없다. 그들은 항상 다른 사람에게 집중하며, 그러는 사이 때는 늦어버리고 만다. 불가능해 보이던 일이 실제로 일어나고 있다는 사실을 그들은 너무 늦게 깨닫는다. 그들을 떠받쳐주던 구조는 의외로 허약하다.

더 해로운 부류는 리처드의 집권을 어떻게든 이용할 수 있다고 믿는 자들이다. 다른 많은 이들처럼 그들도 리처드가 얼마나 해롭고 위험한지 분명히 알고 있지만, 밀려오는 악의 파도보다 그들이 한발 먼저 움직이거나 그로부터 물고기를 건져 올릴 수 있다고 자신한다. 이 동맹자와 추종자들—헤이스팅스 경, 케이츠비, 그리고 특히 버킹엄 공작—은 리처드의 비열한 행위에 가담하고 희생자들이 늘어가는 과정을 냉정하고 무심하게 지켜보면서 리처드가 한 계단씩 올라가도록 돕는다. 셰익스피어의 상상에 따르면, 이 냉소적인 부역자들 중에는 리처드에게 목표 달성의 수단으로 이용당한 뒤 가장 먼저 파멸할 사람들이 포함되어 있다.

마지막으로, 그의 명령을 수행하는 잡다한 인물군이 있다. 어떤 이들은 곤란한 상황을 피하기 위해서 주저하면서도 진지하게 명령을 수행하고, 다른 이들은 행여 이득이 돌아오지 않을까 기대하며 신나게 수행하고, 또 어떤 이들은 자신의 표적—종종 사회 고위층 인사—을 공격해서 고통을 주거나 죽이는 게임을 즐긴다. 셰익스피어의 작품에서든 내가 말할 수 있는 범위에서든, 야심 가득한 폭군에게는 그런 사람이 절대 부족하지 않다. 물론 이런 일이 일어나지 않는 세계가 어디인 가에 있을지 모른다. 대표적으로 철학자 몽테뉴의 친구인 에티엔 드 라 보에티가 상상한 세계가 있는데, 이곳에서 독재자가 파멸하는 이유는 단 하나, 수많은 사람이 그에게 협력하기를 비폭력적으로 거부하기 때문이다. 독재자는 달콤한 딸기로 유혹하기도 하고 한차례 피바람을 일으키기도 하지만, 아무도 손가락 하나 까딱하지 않는다. 그러나 셰익스피어가 보기에 간디 사상의 원조 격인 이런 생각은 빛 좋은 개살구에 불과하다. 폭군은 기꺼이 나서서 칼을 휘두르는 사람을 항상 발견한다. 햄릿의 표현에 따르자면 "그런 일에 구애를 하는(『햄릿Hamlet』 5막 2장 57)" 자들이다.

조력자의 유형을 이렇게 열거하다 보면, 셰익스피어의 극적 천재성을 놓칠 위험이 있다. 그의 진정한 재능은 추상적인 범주를 구성하거나 가담의 정도를 계산하는 것이 아니라, 강렬한 경험을 현실처럼 생생하게 그려내는 데에 있다. 사람들은 리처드의 야심에서 비롯된 불안과 동요를 마주하고 혼란스러운 신호들과 씨름하고 어떤 결과에 이를지 전혀 모르는 상태에서, 불완전한 대안들 중의 하나를 선택해야만 한다. 『리처드 3세』는 이성으로 제어할 수 없는 감정의 급류에 떠밀리며 견딜 수 없는 압박감 속에서 불안한 계산을 수행하고 운명적인 결정을 내리는 사람들을 멋진 솜씨로 그려나간다. 이런 딜레마를 생생하게 그리는 것이 위대한 연극의 힘이다.

공모의 더 바깥쪽에는 자기가 들을 수도 있었거나 심지어 직접 목격할 수도 있었던 것을 무시하고 여전히 리처드의 확신에 의지하는 자들이 있다. 그런 자들은 파렴치하게 반복되는 크고 대담한 거짓말을 쉽게 거부하지 못한다. 젊고 경험이 없는 사람들이 비교적 쉬운 표적이다. 살해된 클래런스 공작 조지의 아들은 리처드 삼촌이 애도하는 모습이 가짜라는 말을 들었을 때 이렇게 대답한다. "절대 그럴 리 없어요(『리처드 3세』 2막 2장 31-33)." "절대 그럴 리 없다"는 말은 그런 배신 행위를 간파하지 못하는 사람들에게 좌우명과도 같다. 하긴 부모를 잃은 어린 소년이 할머니에게서 들은 잔인한 진실을 달리 어떻게 받아들이겠는가?

치명적으로 잘 속는 경향에 나이가 어리다는 점이 유일한 요인은 아니다. 사실 리처드가 거짓으로 우애를 공언했을 적에 그 말을 가장 눈에 띄게 믿은 사람은 어린아이가 아니라 오히려 강인하고 경험이 풍부하고 정치적으로 능란한, 그의 형 클래런스 공작이다. 『헨리 6세 3부』에서 셰익스피어는 장미 전쟁 중에 클래런스 공작이 전략적으로 변절하는 모습을 묘사한다. 따라서 클래런스 공작은 위선, 배신, 폭력의 망에 뒤얽혀 있으며, 위험한 동생이 어떻게 행동하는지 살펴볼 기회도 많았다. 그런 그가 갑자기 체포되어 런던 탑에 갇혔을 때, 그는 왜 리처드가 도와줄 것이라고 믿었을까?

이 질문에 대한 답은 왜 다른 모든 면에서는 영민하고 능란한 정치꾼들이 그렇게 속이 다 들여다보이는 무뢰한에게 속아 도저히 믿을 수 없는 그의 즉위에 길을 닦아주는지에 대해서 몇 가지 핵심적인 이유를 제시한다. 여러 사건이 아찔한 속도로 발생한다. "나는 계략을 세워놓았다." 애초에 독백을 통해서 리처드가 이렇게 밝힌다.

술에 취한 예언과 중상모략과 꿈을 통해서
나의 형 클래런스와 국왕이
서로 죽일 듯이 미워하게 만드는 것이다.
(『리처드 3세』 1막 1장 32-36)

다음 순간 클래런스 공작이 경비병들의 감시를 받으며 런던탑에 끌려오는 장면이 무대에 펼쳐진다. 간수가 지켜보는 가운데 짧은 대화가 이루어진다. 리처드는 재빨리 동정심을 표하고 클래런스 공작이 수감된 것은 국왕—결국 두 사람의 형—이 아니라 국왕의 아내 때문이라고 넌지시 말한다. 그 순간 클래런스 공작은 뒤얽히고 나면 좀처럼 빠져나올 수 없는 복잡하고 무시무시한 정치적 상황에 휘말리기 시작한다. 그와 형 에드워드 사이에는 앙금이 남아 있다. 형 에드워드가 왕위에 오르는 과정에서 클래런스 공작은 그를 충분히 지원하지 않았다. 왕비의 가문과 왕의 가문 사이에서 벌어지는 권력 다툼도 충분히 예상할 수 있다. 게다가 왕의 정부情婦인 제인 쇼어의 독자적인 영향력도 무시할 수 없다. 급속히 전개되는 위기와 압박감 속에서 죄수가 어떻게 이 상황을 정리할 수 있는가? 리처드가 자신의 즉위에 방해가 되는 사람은 모두 죽이겠다고 미치광이처럼 계획했다는 사실을 상상할 수만 있다면 상황은 완전히 이해된다. 그러나 그 열쇠가 없으니 모든 것이 흐릿하기만 하다.

리처드는 형제끼리 뭉쳐야 한다며 미끼를 흔든다. "우리 둘 다 위험해요, 형님. 안심해서는 안 됩니다(1막 1장 70)." 그리고 클래런스 공작은 이럴 때에는 가족애와 같은 기본적인 본능이 최우선이라는 생각에 사로잡힌다. 우리는 안다. 왕이나 왕비 또는 왕의 정부가 베풀 자비에 의존하는 편이 더 안전할 것이다. 그러나 이 소용돌이 같은 혼란 속에서 그는 진실을 명확히 보지 못한다. 곧 밝혀지지만 그의 머릿속은 죄의식, 즉 과거에 저지른 도덕적 타협으로 인해서 한층 더 복잡하다. 클래런스 공작만 그런 것이 아니다. 셰익스피어의 희곡에서 도덕적으로 완전한 삶은 찾아보기 힘들다. 거의 모든 사람이 거짓말과 깨진 맹세에 대한 기억과 씨름하는데, 그 기억들로 인해서 가장 깊은 위험이 어디에 도사리고 있는지를 파악하기가 한층 더 어려워진다.

그러나 어쨌든 클래런스 공작은 글로스터(클래런스 공작은 자신의 동생이자 글로스터 공작인 리처드를 이렇게 부른다)의 내면에 존재하는 치명적인 위험의 실마리를 포착한다. 문제는 이 이 실마리가 그의 꿈에서만 존재한다는 것이다. 런던 탑에서 펼쳐지는 주목할 만한 장면에서, 죄수는 불면에 가까운 애처로운 잠에서 깨어나 간밤에 꾼 무시무시한 꿈을 감독관에게 묘사한다. 꿈은 탈출에 대한 공상으로 시작한다.

잘 생각해보니 내가 이 탑을 탈출해서
부르고뉴로 건너가는 배에 오른 거요.
나의 아우 글로스터가 동행하고 있었지.
선실에 있는데 아우가
갑판 위를 함께 걷자고 하더군. (1막 4장 9–13)

이 대목에서 꿈은 별안간 악몽으로 뒤바뀐다.

현기증 나는 발판을 따라 갑판 위를 걸을 때
글로스터가 발을 헛디뎌 비틀거리더니
쓰러지는 중에 나를 들이받은 것 같았소.
난 아우를 붙잡아주었으나 그 바람에 배에서 떨어져
파도가 휘몰아치는 바닷속으로 떨어졌지.
아, 바닷물에 잠겼을 때의 그 고통이란. (1막 4장 16–21)

거의 모든 것이 여기에 있다. 잠재의식 속에서 클래런스 공작은 동생이 주변 사람들을 들이받으면서 자기 자신의 균형을 유지하고 있으며, 심지어는 동생이 그의 목숨을 앗아갈 원흉이라는 것도 간파한다. 그러나 그는 리처드의 악심이나 동기에 대해서는 깨닫지 못한다. 꿈속에서 그 사건은 끔찍한 사고에 불과하다.

몇 분 후, 꿈속이 아니라 생생한 현실에서 리처드가 고용한 자객 두 명이 런던 탑에 나타난다. 클래런스 공작은 에드워드가 자객을 보냈으리라고 짐작하고서, 망상에 가까운 신뢰를 되살린다. 그는 자객들에게 이렇게 말한다. "나를 죽이려고 왔다면 / 발길을 돌려 나의 아우 글로스터에게 가보거라. / 나를 죽였다는 기별을 듣고 에드워드가 내릴 상보다 / 나를 살려준 대가로 나의 아우가 더 많은 돈을 줄 것이다." 그러자 자객 한 명이 중요한 정보를 누설한다. "공은 속고 계시오. / 공의 동생 글로스터 공작은 공을 미워하고 있소." 이 끔찍한 진실을 클래런스 공작은 철벽같이 거부한다. "천만에, 그럴 리 없다. 아우는 날 사랑하고 날 소중히 여긴다. / 여기에서 꾸물대지 말고 글로스터에게 가보거라." "아무렴, 그리 합죠(1막 4장 221-226)." 자객은 으스스한 유머로 받아치더니 잠시 후 클래런스 공작을 찌르고 확인차 그의 몸을 포도주 통에 빠뜨린다. 그리고 리처드에게서 보상을 받기 위해 서둘러 자리를 뜬다.

되돌아보면 클래런스 공작의 꿈은 익사라는 구체적인 내용까지 맞을 정도로 무시무시한 전조이지만, 꿈의 중요성은 이 특정하고 아이러니한 사건을 뛰어넘는다. 꿈은 부상하는 폭군에 관한 매우 중요한 사실, 즉 잠자는 사람의 몸을 관통하는 순간 그의 마음까지도 관통해버리는 폭군의 소름 끼치는 능력을 드러내준다. 『리처드 3세』에서 꿈은 그저 장식성의 가필이나 개인의 심리를 잠깐 보여주는 창이 아니다. 꿈의 역할은 굉장히 중요하다. 폭군의 힘이 얼마나 엄청나기에 모든 사람의 악몽 속에 그리고 악몽으로서 존재할 수 있는지를 깨우치게 한다. 게다가 폭군에게는 악몽을 현실로 만드는 힘마저 있다.

클래런스 공작은 동생의 실제 의도가 무엇인지를 꿈속에서만 알 수 있다. 클래런스 공작은 깨어 있을 때, 심지어는 살인 청부업자들을 직접 대면할 때에도 자신이 배신당하고 있음을 좀처럼 받아들이지 못한다. "나의 불행을 깊이 슬퍼하여 / 나를 부둥켜안고 울먹이면서 / 석방되도록 애를 쓰겠다고 맹세한(1막 4장 235-237)" 아우가 아니던가. 희곡에 등장하는 모든 사람이 꿈속에 감추어진 진실을 외면하지는 않는다. 새벽 4시에 전령이 헤이스팅스 경의 문을 두드리더니, 스탠리 경이 꾼 악몽을 전한다. "꿈에 수퇘지가 나타나 스탠리 경의 투구를 물어뜯어 갈기갈기 찢었다고 합니다(3막 2장 10)." 다시 말해서 스탠리 경은 리처드에게 목이 잘리는 꿈을 꾼 것이다. 그러나 헤이스팅스 경은 이 불길한 징조를 일축한다. "돌아가서 전해라, / 쓸데없이 걱정하지 마시라고. 그리고 그 꿈 말인데, / 순진하게도 그런 소란스러운 잠의 환상을 믿다니(3막 2장 24-26)." 지레 겁을 먹고 달아나면 의심만 불러일으킨다.

수퇘지가 쫓아오기도 전에 도망을 친다면

그럴 생각도 없는 놈을 자극해서

되려 쫓아오게 만드는 격이 되지 않겠느냐. (3막 2장 27)

그러니 잠자코 있는 것이 안전하다고 헤이스팅스 경이 조언한다. 곧 밝혀지는 대로, 결국 목숨을 구한 사람은 두려움에 떤 스탠리 경인 반면, 헤이스팅스 경은 목이 잘리는 신세가 된다.

그런데 왜 헤이스팅스 경은 리처드의 잔인함을 바로 목격해왔음에도 결국 나락에 빠져 덫에 걸리고 말았을까? 야심에 물든 헤이스팅스 경이 그 잔인함을 잘만 이용한다면 궁정에서 경쟁자들을 제거할 수 있다고 생각한 탓이다. 그도 리처드의 잠재적 위험을 모르지는 않았지만, 자신은 전에 리처드에게 도움되는 일을 했고, 게다가 바람의 방향이 걱정스러운 쪽으로 바뀔 때 자신에게 경고해줄 동맹자가 적재적소에 있기 때문에 돌발적인 위험을 능히 피할 수 있다고 믿었다. 가장 믿음직한 동맹자는 "나의 동지 케이츠비"이다. "우리가 조금이라도 위험해질라치면 / 그쪽에서 전갈이 올 것이다(3막 2장 21-23)."

헤이스팅스 경은 자신에게 밀고하기로 되어 있는 케이츠비가 자기 이익에 노심초사하는 자일 뿐 그가 상상하는 것만큼 긴밀한 동맹자가 아니라는 점을 간과했다. 곧바로 이어지는 대화에서 케이츠비는 헤이스팅스 경의 몇몇 적이 방금 형장으로 끌려갔다는 소식을 전하면서, 리처드가 왕위에 오르려고 한다면 기꺼이 힘이 되겠다는 말을 슬쩍 흘린다. 선왕의 젊은 아들을 충직하게 지지하는 헤이스팅스 경은 단호히 거절하는데, 바로 이 거절이 자신의 운명을 봉인한다는 것을 알지 못한다. 지금 그가 생각하는 것은 오직 적들의 몰락이다. 그는 앞으로 수주일이 지나기 전에 거머쥘 짜릿한 승리, 리처드와의 동지애와 협력이 아니었다면 절대 울리지 못할 승리의 나팔소리를 예감한다. "케이츠비, 이거 아시오? 2주일이 되기 전에 / 아무것도 모르는 몇몇 사람을 해치워버릴 거요(3막 2장 59-60)." 물론, 해치워지는 쪽은 헤이스팅스 경이다. 소름이 돋는 한 장면에서 리처드는 마치 그가 점심을 먹기 전에 치워야 할 귀찮은 존재라도 되는 듯 서둘러 헤이스팅스 경을 해치운다. "당장 이자의 목을 베라! 성 바울의 이름을 걸고 맹세하노니 / 저 목이 떨어지기 전에는 식사를 하지 않겠다(3막 4장 75-77)."

폭군은 명령을 내릴 뿐 그 일을 직접 행하지 않는다. 그리고 그의 협력자는 도끼를 든 집행인만이 아니다. 리처드가 명령을 내리는 방에는 여러 유력 인사들이 탁자 앞에 앉아 있다. 스탠리 경—악몽을 꾼 사람—도 있고, 버킹엄 공작, 일리의 주교, 리처드 랫클리프 경, 프랜시스 러벌 경, 노퍽 공작 등도 있다. 그들 모두 헤이스팅스 경과 오랫동안 알고 지냈으며, 그들 모두 헤이스팅스 경에게 내려진 반역죄—흉악한 마법으로 리처드의 팔을 말라비틀어지게 한 죄—가 완전히 터무니없다는 것도 알고 있다. 리처드의 팔은 태어날 때부터 기형이었다. 버

106

킹엄 공작과 케이츠비 같은 몇몇 사람은 이미 헤이스팅스 경의 목숨을 앗아갈 계략에 가담하고 있고, 랫클리프 경과 러벌 경을 비롯한 몇몇 사람은 폭군이 어떤 명령을 내리든 기쁘게 그에 동조하며, 또다른 몇몇 사람은 단지 도끼날이 그들 쪽으로 향하지 않은 것에 안도의 한숨을 내쉰다.

모두에게 어느 정도 책임이 있다. 그저 침묵을 지키면서 자기는 비난받을 일이 없다고 상상하는 사람들도 매한가지이다. 연극 초반에 런던 탑의 부관副官인 로버트 브레이큰버리 경은 흉악하게 생긴 두 명의 인물에게 죄수 클래런스 공작을 넘기라는 명령장을 받는다. 그들의 의도는 한눈에 보아도 명백하다. 브레이큰버리 경은 이 죄수가 공정하든 그렇지 않든 재판을 받지 않았다는 사실을 잘 알고 있지만, 열쇠를 살인자들에게 건네주면서 어떤 질문도, 어떤 항의도 하지 않는다. "이 말이 무슨 뜻인지 함부로 판단하지 않겠네. / 난 여기에 발을 들이고 싶지 않으니까(1막 4장 93-94)." 이런 부류의 행동들, "발을 들이고 싶어하지 않는" 착실한 사람들의 행동이 복합적으로 쌓여 폭정을 가능하게 한다.

실제로든 잠재적이든 리처드의 권력 탈취를 가로막는 중요한 장애물들 대부분은 일련의 살인으로 말끔이 정리된다. 그러나 더욱 놀랍게도 셰익스피어는 폭군의 극적인 왕위 계승을 폭력의 직접적인 결과로 그리지 않는다. 그의 즉위는 선거의 결과이다. 대중의 지지를 얻기 위해서 리처드는 신앙심을 기만적으로 과시하고, 반대파를 중상모략하고, 안보 위협을 번지르르하게 과장하는 것으로 정치 운동을 벌인다.

왜 선거였을까? 그가 자료들, 특히 토머스 모어의 『국왕 리처드 3세의 역사*The History of King Richard III*』에 집착했다는 것만으로는 충분히 설명되지 않는다. 셰익스피어는 필요할 때마다 편하게 내용을 다듬고 변화를 도입했다(이 연극에는 사실 긴 시간에 걸쳐 발생한 사건들이 압축되어 있다. 예를 들면, 리처드 3세가 음모를 꾸미며 형 클래런스 공작을 살해하는 사건[1478]은 레이디 앤에게의 냉소적인 구애[1472]와 영리하게 뒤얽혀 있으며, 또한 이 구애도 헨리 왕의 장례식[1471]이 거행되는 동안에 한 것으로 묘사되어 있다). 엘리자베스 1세 시대에 사람들은 선거제가 아니라 군주가 통치하는 계급 사회에 살았으므로, 이야기에서 이 부분을 가볍게 다루거나 제거하는 것이 셰익스피어로서는 사리에 맞았을지 모른다. 그러나 그는 선거 장면을 극의 중심에 놓았다.

"시민들"—보통 사람들—은 에드워드 왕이 승하했고 그의 어린 아들이 삼촌들의 지도하에 왕관을 물려받았다는 소문을 들었다. 정권이 바뀔 때마다 불안에 시달리는 시민들에게 상황은 전혀 좋은 징조가 아니다. 한 구경꾼이 말한다. "어린 왕이 다스리는 나라에는 비통함이 끊이지 않는 법이라오(2막 3장 12)." 보통 평범한 사람들은 앞으로 닥칠 일에 대비하여 마음을 다잡는 것 외에는 할 수 있는 일이 거의 없다. 앞에서 말했던 그 구경꾼이 이렇게 덧붙인다. "구름이 보이면 지혜로운 사람은 망토를 꺼내 입지요(2막 3장 33)." 그러나 지금 그들은 복잡한 정치 게임에 휘말려 있다. 그들은 곧 왕위 승계 서열을 뒤엎어 국왕의 아들을 거부하고, 그 대신 리처드를 뽑으라고 요구받을 것이다.

사실상 리처드의 최고 전략가이자 선거 참모 격인 버킹엄 공작이 추임새를 넣는 가운데, 리처드는 정부를 무너뜨리려는 헤이스팅스 경의 역모를 그들이 어렵사리 저지했다는 거짓말로 포문을 연다. 신속하게 행동하여 최종적으로 반역자를 즉결 처형하지 않았다면 조국을 구하지 못했을 것이다. 런던 시장에게 리처드는 위급한 상황이라 공표할 증거도 없고 "법의 형식"도 따르지 못한다고 말한다. 헤이스팅스 경의 잘린 머리가 등장하자 버킹엄 공작은 그를 참수한 애국자들이 "애정 어린 성급함"을 억눌렀다면 반역자의 자백을 시장이 직접 들었을 테고, 그 진실을 시민들에게 증명할 수 있었을 것이라고 설명한다. 고분고분한 시장이 그들을 안심시킨다. "두 분의 말씀만으로도 충분합니다. / 제가 보거나 들은 것과 마찬가지니까요(3막 5장 62–63)."

리처드와 그의 심복은 배우 뺨치는 재능으로 악마 같은 음모에서 간신히 탈출하는 인물을 쉽게 연기할 수 있다는 것에 자부심을 느낀다. 버킹엄 공작이 어깨에 힘을 주고 떠벌린다.

쳇, 그렇게 비극 연기를 하는 것은 어렵지 않습니다.

말을 하다가 뒤를 돌아보고 전후좌우를 살피고

지푸라기라도 흔들리면 소스라치게 놀라 벌벌 떨고

사사건건 의심스러운 낯빛을 하는 것이지요. (3막 5장 5-8)

그들은 친절과 협박을 적절히 섞어가며 시장 같은 관료를 끌어들이는 재능 또한 남다르다. 그러나 그런 연기에 넘어가는 사람이 몇이나 될까? 시장과의 대화 직후, 셰익스피어는 아주 짧은 장―고작 14행으로 끝나는 장―을 소개한다. 무대 위에 이름 없는 필경사가 나타나더니 방금 필사를 마친 서류에 대해서 중얼거린다. 그 서류는 헤이스팅스 경의 기소장이다. 시간대를 곰곰이 따지던 필경사는 기소가 사전에, 즉 헤이스팅스 경이 여전히 "떳떳하게, 어떤 조사도 받지 않고, 자유롭게 거리를 활보하는(3막 6장 9)" 동안 미리 꾸며졌음을 쉽게 간파한다. 이 모든 것이 재판 절차를 거치지 않고 리처드의 적을 죽인 사실을 은폐하기 위해서 꾸며낸 거짓말이다. 필경사가 말한다. "아무리 무식하다고 한들 누가 이렇게 얄팍한 수작을 / 못 보고 지나칠 수 있겠는가? / 그러나 아무리 배짱이 좋다고 한들 / 누가 그것을 보았다고 하겠는가?(3막 6장 10-12)"

그렇다면 그 복잡하고 정교한 절차―조작된 모반 공모와 이전 날짜로 소급된 기소장, 더 나아가 가면을 쓴 리처드의 신앙심, 즉위를 사양한다는 그의 공언, 어린 왕이 적출이 아니라는 기만적인 암시, 그밖의 모든 거짓말―의 요점은 무엇일까? 사기를 꿰뚫어 본 사람은 필경 사만이 아니다. 리처드의 즉위에 대중의 지지를 유도하려는 첫 번째 시도는 실패한다. 유권자들은 전혀 호응하지 않는다. 버킹엄 공작이 전하는 바에 따르면 "우둔한 조각상이나 목석같이 / 한마디도 하지 않고 / 창백하게 질려서 서로를 바라볼(3막 7장 24-26)" 뿐이다.

거짓말은 확고한 동의를 불러일으키지 못하지만 그럼에도 일말의 효과를 거둔다. 거짓말을 연달아 퍼부으면, 의심하는 자들을 주변부로 내쫓고, 혼란을 퍼뜨리고, 자칫하면 분출할 수도 있는 불만과 저항을 잠재우는 효과를 낼 수 있다. 무관심해서든 두려움 때문이든, 리처드와 그밖의 후보들이 실질적으로 다르지 않다는 괴멸적인 오해 때문이든 간에 시민들은 저항하지 못한다. 실제로 유권자들을 회유하려는 두 번째 시도는 꽤 성공적이다. 버킹엄 공작이 "잉글랜드의 성군聖君, 리처드 국왕 만세!"라고 외치자 "아멘"이라는 외침이 들린다(3막 7장 238-239).

셰익스피어는 폭군의 즉위를 대중이 실제로 얼마나 지지했는지 정확히 알 수 없었는지도 모른다. 『리처드 3세』는 원본이 둘인데 둘 다 권위가 있다. 셰익스피어 생전에 출판된 작고 저렴한 4절판에서는 버킹엄 공작의 "리처드 국왕 만세"에 런던 시장만이 "아멘"이라고 외친다(4절판, 3막 7장 218-219). 그러나 셰익스피어가 죽고 7년 후에 나온 2절판에는 "아멘"이라는 맺음말 앞에 "모두 함께"라는 지문地文이 적혀 있다(2절판, 3막 7장

조력자의 유형　　111

238-239). 따라서 4절판에서는 동의를 표명한 사람이 폭군과 한통속인 자들뿐이었다면, 2절판에서는 군중 모두가 된다.

셰익스피어가 리처드를 묘사하는 데에는 이 모호함이 깊이 스며들어 있는 듯하다. 추한 외모에도 불구하고 그에게 은밀한 매력이 있는 것일까? 군중이 실제로 그를 지지하는 순간이 있을까, 아니면 지지는 단지 공모에 불과할까? 사람들이 간파하고 있음에도 불구하고 그의 거짓말은 여하튼 효력이 있을까? 이 선거는 거의 처음부터 펼쳐진 기묘하고 아슬아슬한 연기의 절정에 불과하다. 가장 유명한 대목은 세상에서 그의 아첨에 가장 넘어가지 않을 것 같은 사람, 레이디 앤에게 리처드가 강압적으로 구애하는 장면이다. 앤으로서는 리처드를 증오할 이유가 차고 넘친다. 셰익스피어가 무대 위에 펼쳐 보이듯이 리처드는 앤의 젊은 남편과 그의 아버지 헨리 6세를 죽인 자이다. 그 살인자가 헨리 6세의 시신 너머로(말 그대로) 구애하자, 앤은 증오와 혐오를 적나라하게 내비치면서 그의 얼굴에 침을 뱉고 저주를 퍼붓는다. 그러나 그 장이 끝날 무렵 그녀는 리처드의 반지를 받고, 그렇게 해서 사실상 결혼에 동의한다.

배우들은 이 장면을 완전히 다르게 연기할 수 있다. 앤은 괴물 앞에서 한없이 연약하고 무기력하기만 하니 선택의 여지가 거의 없는 인물이 될 수도 있다. 그러나 다른 면에서는 리처드를 혐오하고 두려워하면서도 이상하게 마음이 끌리는 것처럼, 심지어 대단히 공격적인 대화를 나눔에도 불구하고 자기도 모르게 매혹을 느끼는 것처럼 연기될 수 있다. 치열할 공방 속에서 그의 사랑 고백에 한결같이 경멸을 표하던 앤은 순간 그를 저주하는 것이 아니라 심사숙고하게 된다. "당신의 마음속을 알고 싶군요(1막 2장 192)." 한편 리처드는 앤이 퇴장하자 기뻐 날뛴다. "대체 이러한 분위기에서 구애를 받아들인 여자가 있을까? / 이러한 분위기에서 청혼을 받아들인 여자가?(1막 2장 267−268)" 지금까지 그가 내뱉은 말에는 부드러움이나 진실이 조금도 없다. "그녀는 이제 나의 것이다." 그가 냉정하게 말한다. "그러나 오래 붙잡아둘 생각은 없어(1막 2장 228)." 리처드는 사랑을 모르고, 그래서 자신이 말한 대로 곧 그녀를 죽일 것이다. 그러나 권력과 부 그리고 철면피 같은 기질 덕분에 리처드는 자기가 원하는 사람, 심지어 그를 역겹다고 여기는 사람을 잡는 데에 성공한다. 그에게는 즐거운 놀이일 뿐이다.

관객은 강간일 수도 있고 유혹일 수도 있는 이 장면을 어떻게 받아들이는가? 배우가 순전한 혐오감이 아닌 다른 감정을 나타낸다면, 대부분의 관객은 앤을 통해서 리처드가 불러일으키는 특이한 흥분을 느끼게 된다. 이 작품은 리처드의 정치적 목표에 이성적으로 동조하라고 부추기지는 않지만, 관객에게 어떤 공범 의식을 일깨운다. 억눌린 공격성을 분출할 때, 모든 것이 블랙 유머로 뒤바뀔 때, 또는 말할 수 없는 것을 입 밖으로 표출할 때 대리 만족을 느끼는 사람들의 공범 의식을 말이다. 리처드는 자신의 형을 죽이기 위해서 고용한 자들에게

조력자의 유형

이렇게 말한다. "바보들 눈에서 눈물이 쏟아질 때 자네들 눈에서는 차가운 돌멩이가 떨어지겠지. / 난 자네들이 마음에 드네, 친구들(1막 3장 352—353)."

연극 안에서 리처드가 왕으로 즉위할 수 있는 것은 주변 사람들이 크고 작은 사건에 공범으로 연루되어서이다. 그러나 극장 안에서 특이한 형태의 협력에 발을 담그도록 꾐을 당하는 사람은 그 모든 사건을 지켜보는 관객, 우리이다. 우리는 악당의 무도함에, 인간의 품위에 대한 무관심에, 믿는 사람이 전혀 없어도 효과를 내는 듯한 그 거짓말에 자꾸만 홀려든다. 무대 밖에 앉아 있는 우리를 바라보면서 리처드는 그의 즐거운 경멸에 함께하라고, 더 나아가 흔히들 역겹다고 여기는 것에 굴복한다는 것이 어떤 것인지를 경험해보라고 우리를 유혹한다.

리처드는 자신감이 넘치는 사악함과 예상을 빗나가는 유머로 400여 년간 관객을 유혹해왔다. 셰익스피어 시대로부터 전해오는 희귀한 일화들 중의 하나에 따르면, 이 유혹은 거의 즉시 효력을 발하기 시작했다. 1602년에 존 매닝엄이라는 런던의 한 법과생은 점잖지 못한 이야기를 일기에 적었다.

버비지가 리처드 3세를 연기하던 어느 날 한 시민이 그에게 홀딱 빠져서, 극장을 나서기 전에 그날 밤 리처드 3세의 이름으로 자신을 찾아오라고 했다. 둘의 계약이 완료되는 것을 엿들은 셰익스피어는 먼저 출발해서 버비지가 오기 전에 환대를 받고 즐겼

다. 잠시 후 리처드 3세가 도착했다는 전갈이 당도하자, 셰익스
피어는 리처드 3세보다 정복자 윌리엄이 먼저라며 그를 돌아가
게 했다.[18]

유명인에 관한 대부분의 이야기들처럼, 이 이야기도 그 안에
묘사된 사람보다는 이야기를 퍼뜨린 사람에 대해서 더 많은 것
을 알려준다. 그러나 우리는 적어도, 리처드 3세를 최초로 연기
한(그리고 로미오와 햄릿 같은 배역도 맡은) 유명한 배우 리처드
버비지는 악랄한 역을 연기했어도 그의 모든 매력을 잃지는 않
았음을 짐작해볼 수 있다.

이 연극은 처음부터 뜨거운 관심을 불러일으킨 듯하다. 『리
처드 3세』는 1592년 혹은 1593년에 처음으로 무대에 오른 뒤,
셰익스피어가 살아 있는 동안 4절판으로 5쇄 이상 출판되었다.
이 희곡의 악당―"요정의 표식을 가지고 태어난 조산아, 땅을
파헤치는 수퇘지(1막 3장 267)", "등에 독을 잔뜩 품은 두꺼비(1
막 3장 245)", 그 자신의 표현을 빌리자면 "불구"에다가 "미완성
인 채로" 세상에 던져진 냉혹한 망나니―은 시대를 초월하여
수많은 배우, 관객, 독자들에게 기이하고도 강력한 매력을 선
사해왔다. 우리 내면의 일부는 그가 권력을 향해서 나아가는
끔찍한 과정의 매 순간을 즐기는 것이다.

6

승리에 도취한 폭군

그 자체로는 재난이기는 해도 폭군의 집권과 즉위에는 희극의 촉감이 있다. 폭군이 쓰러뜨리고 짓밟은 사람은 대부분 굴종하거나 냉소적이거나 타락한 자들이다. 비록 그들의 운명은 끔찍하지만 그들을 통해서 인과응보를 보는 것은 만족스러우며, 음모가가 고함치고 공모하고 배신을 거듭하다가 마침내 최고의 자리에 오르는 것을 지켜보는 동안 우리는 일종의 도덕적 휴가를 즐기게 된다.

그러나 일단 리처드가 평생의 목표에 도달하는 순간—셰익스피어 희곡의 3막이 끝날 때—웃음은 즉시 얼어붙는다. 승리의 기쁨은 대부분 있을 성싶지 않은 희박한 개연성에서 나왔다. 이제 영원한 승리를 기대할수록 기괴한 망상이 부풀어 오른다. 지금까지 리처드는 사악한 능력의 기적처럼 보였지만,

117

나라 전체를 통합하고 운영해나갈 자질은 턱없이 부족하다.

폭군의 승리는 경쟁자를 폭력적으로 제거하는 과정에서 길
게 짜인 거짓말과 기만적인 약속에 기반을 둔다. 그를 왕좌에
끌어올린 교활한 전략은 왕국의 미래상과는 거리가 멀다. 또
한 그는 나라를 세우고 유지하도록 도울 참모를 모으지도 않
았다. 그가―당장―믿고 의지할 수 있는 것은 런던 시장처럼
눈치가 빠른 관리들과 필경사처럼 겁에 질린 서기들의 묵인뿐
이다. 새로운 통치자에게는 관리 능력이나 외교적 수완이 없으
며, 측근 중에 그가 명백히 가지지 못한 것을 제공할 수 있는
사람도 전무하다. 리처드의 어머니는 그를 멸시한다. 그의 아
내 앤은 그를 두려워하고 증오한다. 케이츠비와 랫클리프 경
같은 이기적인 수완가는 정치에 적합하지 않다. 사회적 지위
는 높지만 그들은 리처드에게 돈을 받고 명령을 수행하는 불
량배와 기본적으로 똑같다. 희곡에서 스탠리 경은 신중한 조언
자 역에 적합한 그럴듯한 인물로 그려지지만―희곡에서는 마
지못해 왕이 바라는 것을 들어주는 사람으로 묘사된다―일전
에 꾼 악몽(수퇘지가 투구를 물어뜯은 꿈/역주)이 말해주듯이 그
는 오래 전부터 "수퇘지"를 두려워했으며, 갑자기 들어선 정권
에서 핵심 인물로 일할 가망이 거의 없다. 그리고 이미 이 정권
의 천적과 은밀히 접촉하고 있다.

리처드를 도와 정권을 떠받쳐줄 가장 그럴듯한 후보는 그의
오랜 동맹자이고 친족이며 공범인 버킹엄 공작이다. 약삭빠른

공작은 리처드의 성공적인 정치 운동을 배후에서 조종했고, 실제와 상상 속의 적을 포함한 일련의 적들을 제거하는 데에도 일조했다. 새롭게 즉위한 폭군이 버킹엄 공작에게 말한다. "그대의 조언과 그대의 도움으로 / 리처드 왕이 이렇게 왕좌에 앉소(『리처드 3세』 4막 2장 3-4)." 그러나 신세를 졌다고 인정하는 이 말은 조언과 도움을 계속해달라는 요청의 전주곡이다.

다른 모든 사람들을 말소리가 들리지 않는 곳으로 내보낸 상태지만, 리처드는 처음에는 자신의 원하는 바를 다소 소심하게 밝힌다. "어린 에드워드가 살아 있소." 그가 선왕의 계승자이자 조카를 가리켜 말한다. 어린 에드워드는 동생과 함께 런던 탑에 갇혀 있다. "이쯤이면 나의 말을 알아들었을 텐데(4막 2장 10)." 그러나 버킹엄 공작은 알아맞히기 게임에 뛰어들기를 완강히 거부한다. 그 뜻을 꿰뚫어 보기는 어렵지 않다. 리처드는 갈수록 짜증이 나서 하는 수 없이 제 입으로 의미를 밝힌다.

이보시오, 사촌. 그렇게 아둔한 사람이 아니었잖소.
내 솔직히 말하리다. 나는 그 사생아들이 죽기를 바라오.
그리고 그 일이 즉시 순식간에 실행되기를 바라오.
경은 어떻게 생각하시오? 간단히 말해보시오, 어서.
(4막 2장 17-20)

버킹엄 공작의 대답은 간결하기 이를 데 없지만—"전하 뜻대로 하시지요"—폭군이 원하는 대답은 아니다. 리처드는 마지못해 한번 더 단도직입적으로 질문을 던진다. "말해보시오. 경도 그놈들이 죽는 것에 동의하시오?" 자리에서 물러나기 전에 버킹엄 공작은 다시 한번 직접적인 대답을 피한다. "잠깐 시간을 주십시오, 전하. / 그래야 답을 할 수 있을 것 같습니다(4막 2장 21-24)."

리처드는 버킹엄 공작에게 아이들을 직접 죽이라고 요구하지 않는다. 그 일에 딱 맞는 암살자를 쉽게 찾을 수 있고, 곧 찾을 테니 말이다. 또한 리처드가 하려는 일에는 누구의 허락도 필요하지 않다는 점에서 버킹엄 공작이 틀린 것도 아니다. 사실 폭군이 자신의 주요 동맹자에게 "동의"를 구하는 것은 허락이 아닌 공모와 관계가 있다. 정권이 출범하는 이 중차대한 시기에 리처드는 측근의 충성심을 확인하고 싶기도 하고 또 확인할 필요도 있다. 그 충성심을 가장 확실히 보증하는 방법은 버킹엄 공작이 스스로 끔찍한 범죄의 공범이 되는 것이다. 아이들이 죽어야 한다고 버킹엄 공작이 직접 제안했다면 훨씬 더 좋았겠지만(리처드가 처음에 소극적이었던 것은 이를 기대해서였다), 공모자의 단순한 "동의"만으로도 충분한 보증이 된다. 그러나 버킹엄 공작은 계속 회피한다. 리처드는 짜증이 난다. 멀리서 지켜보고 있던 케이츠비가 이렇게 말한다. "왕이 노하셨군. 저 봐, 입술을 깨무시네(4막 2장 27)."

이 짧은 대화는 셰익스피어가 상상하는 폭군 통치의 중요한 특징 몇 가지를 보여준다. 폭군은 유난히 만족을 모른다. 폭군은 자신이 열망했던 자리에 실제로 오르기는 했지만, 그것을 가능하게 한 기술은 성공적인 지배에 필요한 기술과는 완전히 다르다. 그가 어떤 만족을 상상했든 간에 그 쾌락은 좌절, 분노, 번뇌로 대체된다. 게다가 권력은 결코 안정적으로 유지되지 않는다. 자신의 지위를 강화하려면, 반드시 이루어져야 할 또다른 일이 항상 존재한다. 폭군은 범죄를 통해서 목표를 달성했기 때문에 불가피하게 새로운 범죄를 저지르게 된다. 폭군은 측근들의 충성심에 전전긍긍하면서도 결코 그들의 충성심을 완벽하게 확신하지 못한다. 그를 섬길 만한 사람은 자기 자신과 같은 부류인 이기적인 악당들뿐이다. 게다가 애초에 정직한 충성심이나 공평하고 독립적인 판단 같은 것은 그의 관심 밖이다. 그가 바라는 것은 아첨, 확증, 복종이다.

"저기의 저 카시우스는 여위고 굶주려 보이는군." 셰익스피어의 율리우스 카이사르가 유명한 말을 남긴다. "생각이 너무 많은 거야. 그런 사람은 위험하지(『줄리어스 시저*Julius Caesar*』 1막 2장 194–195)." 안토니우스가 카이사르를 안심시키지만—"위험한 자가 아닙니다"—카이사르는 믿지 않는다. "책을 많이 읽고 / 관찰력이 뛰어난 자, / 그래서 사람의 행동을 깊이 꿰뚫어보는 자일세(1막 2장 196, 201–203)." 이런 것들은 카이사르 같은 사람이 주변에 두기를 원하는 자질이 아니다. "나의 주위에는 뚱뚱한 남자, 머리에 기름기가 흐르는 남자, 밤에 잠을 잘

자는 남자들만 오게 하게(1막 2장 192-193)."

세상 꼭대기에 우뚝 선 리처드 역시 같은 결론에 도달한다. "사려 깊은"—즉, 조심스러운—"눈으로 나를 살피는 자는 / 필요 없다(『리처드 3세』 4막 2장 31)." 그가 곰곰 생각한다. 버킹엄 공작은 "신중해졌는데(4막 2장 31)" 신중함이란 잠재적으로 위험하다. 잠시 멈추어 깊이 생각한 버킹엄 공작이 돌아왔을 때, 리처드는 손짓으로 그를 물리친다. 버킹엄 공작이 "동의할지" 말지는 더 이상 리처드의 관심사가 아니다. 그리고 그의 오랜 동맹자가 여러 가지 봉사한 대가로 그가 약속했던 보상을 누차 요구하자 리처드는 단호히 퇴짜를 놓는다. "귀찮게 하지 마시오. 지금은 그럴 기분이 아니오(4막 2장 99)." 많은 사람들을 계략에 빠뜨리고 배신한 일에 동참했기 때문에 버킹엄 공작은 이 불길한 징조를 분명히 읽고, 살기 위해서 멀리 도피하기로 결심한다. 버킹엄 공작의 노력은 수포로 돌아가고, 그는 결국 붙잡혀 처형된다.

한때 믿을 만했던 자와 비밀을 공유하는 것이 이제는 위험하다고 판단한 리처드는 중요한 전략을 스스로 짜야만 하는 상황에 처한다. "나의 신변을 위협할 수 있는 희망이 자라지 못하게 싸그리 꺾어버리겠다(4막 2장 59)." 폭군은 사실상 희망의 적이다. 그는 형편이 궁색하여 "더러운 황금"을 주면 어떤 일이든 할 수 있는 "불만에 찬 신사"를 찾아 어린 왕족 둘을 살해할 궁리를 한다(4막 2장 36-39). 두 아이들이 죽으면 선왕 에드워드를 계승할 사람은 어린 공주만 남게 되고 리처드는 허약한 권력을 강화할 수 있다. "그녀의 두 아들을 죽이고 그런 다음 공주와 결혼하는 것이다." 그가 골똘히 생각한다. "어떻게 될지 장담할 수는 없지만(4막 2장 62-63)." 장담할 수는 없지만 그렇게 하지 않으면, 그가 혼잣말로 고백하듯이 "나의 왕국은 깨지기 쉬운 유리 위에 놓이게 된다(4막 2장 61)." 물론 그는 이미 결혼했지만, 앤이 아프다는 소문을 널리 퍼뜨리라고 케이츠비에게 지시한다. 항상 고분고분하던 케이츠비마저 순간 멈칫하자 리처드는 버럭 성을 낸다. "무슨 딴생각을 하고 있는 게냐! 다시 말하겠다. 나의 왕비 앤이 병이 들어 죽게 되었다고 / 퍼뜨리라는 말이다(4막 2장 56-57)."

셰익스피어가 보기에 권력을 휘두르는 폭군을 불가피하게 규정하는 또다른 자질은 조급함이다. 폭군은 큰 소리로 말하기 전에 자신의 의도가 실행되기를 기대한다. 새로운 상황이 계속 발생하고 대부분의 상황은 위급하며 시간은 더 이상 친구가 아니다. 꾸물거리면 위험해진다. 모든 것이 생각할 여유도 없이 신속하게 이루어져야 한다. 전에는 무자비하리만치 효율적이었지만, 리처드는 이제 산만해지기 시작한다. 그가 주요한 공범 두 사람과 급하게 주고받는 대화가 좋은 예이다.

리처드 왕 : 걸음이 빠른 자를 노퍽 공작에게 보내라. 랫클리프 그대나 케이츠비……케이츠비는 어디 있느냐?

케이츠비 : 여기 있사옵니다, 전하.

리처드 왕 : 케이츠비, 속히 공작에게 가거라.

케이츠비 : 예, 전하.

리처드 왕 : 랫클리프, 이리 와라. 서둘러 솔즈베리로 가라. 솔즈
베리에 도착하거든……[케이츠비를 보고] 이 우둔하고 멍청
한 것 같으니, 왜 꾸물대고 있느냐? 공작에게 가지 않고.

케이츠비 : 전하, 먼저 전하의 전갈을 말씀해주십시오. 공작에게
가서 무엇이라고 전할지를요.

리처드 왕 : 아, 그렇구나, 케이츠비. 공작에게 전해라. 지금 즉시
동원할 수 있는 병력을 모두 소집해서 솔즈베리로 출동하라
고. 솔즈베리에서 즉시 나와 합류하라고. [케이츠비 퇴장한
다.] (4막 4장 440-451)

곧이어 리처드는 이번에는 랫클리프 경 앞에서 또 조급함과
무능력을 드러낸다. 그리고 불길한 소식이 잇따라 밀려온다.
침략군이 앞바다에 모습을 드러냈다. 전령이 보고하기를, 유
력한 귀족이 잉글랜드의 어느 지방에서 반란을 일으켰다고 한
다. 또다른 전령이 보고하기를, 다른 지역에서 다른 적이 군대
를 모으고 있다고 한다. 좌절의 구렁텅이에 빠진 리처드는 세
번째 전령을 때린다. 필시 이 전령도 걱정스러운 소식을 가져
왔다고 생각해서이다. 왕이 소리친다. "자, 이래도 좋은 소식을
가져오지 않을 테냐?(4막 4장 508)" 그러나 이번 소식은 공교롭

124

게도 희소식이었다. 괴로워하던 폭군이 한숨 돌린다.

이 모든 일이 진행되는 동안 리처드는 어린 조카와 결혼할 계획을 계속 진행시키고, 그렇게 함으로써 셰익스피어가 그린 폭군의 또다른 특징, 즉 후안무치함을 드러낸다. 그는 형수인 엘리자베스의 두 아들을 죽게 한 원흉이지만, 정말 뻔뻔스럽게도 남편 선왕을 잃은 그녀에게 접근하여 그녀의 딸과 결혼하겠다고 제안한다. 심지어 자신의 죄를 부인하지도 않고, 그녀에게 손자를 안겨주어 아이들을 잃은 것을 보상하겠다고 제안한다!

내가 당신 배에서 나온 자식을 죽였다면
당신 딸의 몸에서 나의 자식이 태어나게 하겠소.
그렇게 당신의 자손을 소생시키는 거요. (4막 4장 296-298)

엘리자베스가 아무리 증오하고 역겨워해도 리처드는 눈썹하나 까딱하지 않는다. 무슨 짓을 해도 자기는 벌을 받지 않으리라고 믿고서 속악한 제안과 거짓말을 불도저처럼 밀고 나간다. "당신은 나의 아이들을 죽였소." 그녀가 다시 한번 강조하자, 리처드는 자신 있는 대답으로 그가 내놓는 제안의 구역질나는 도착성을 한층 더 명확히 한다.

하지만 당신 딸의 자궁에 그것(엘리자베스의 자식/역주)을 심어주겠소.

거기, 그 향긋한 저장소에서 그들은

그들만의 아이를 만들어낼 것이오.

그로부터 벗어나기 위해서 엘리자베스가 딸에게 말해보겠다고 동의하자, 리처드는 과거에 앤의 증오를 제압했듯이 이번에도 자기가 승리했다고 확신한다. 그는 어떤 여자에게서든, 그 여자가 아무리 심하게 거부하든 간에 그가 원한다면 무엇이든 가로챌 수 있다고 생각한다. 그리고 그런 생각이 그의 마음에 강한 여성 혐오를 심어준다. "물러터진 멍청이, 깊이가 없고 변덕스러운 여자 같으니!(4막 6장 431)" 그러나 바로 이 순간에 올가미가 폭군의 목을 조이기 시작한다. 엘리자베스는 딸을 리처드에게 줄 마음이 전혀 없고, 이미 리처드의 주적인 리치먼드 백작과 연락을 주고받는 중이다. 리치먼드 백작은 군대를 이끌고 폭군을 정상에서 끌어내리기 위해서 진격하고 있다. 애초에 폭군이 올라서는 안 되는 자리였다.

보즈워스 평원 전투—리치먼드 백작이 승리하고 리처드가 전사한 결정적인 전투—의 전날 밤 장면에서 셰익스피어는 잠시 폭군의 특징을 하나 더 보여준다. 바로, 절대적인 외로움이다. 리처드는 심복인 케이츠비와 랫클리프 경을 곁에 두고 전투 계획을 점검하거나 명령을 내리지만, 그들은 물론이고 다른 누구와도 진정한 친밀함을 나누지 못한다. 오래 전부터 리처드는 그 누구도 그를 사랑하지 않으며 그 누구도 그의 죽음을 슬퍼하지 않으리라는 것을 알고 있었다. 리처드는 스스로 이렇게 인정한다. "내가 죽더라도 나를 불쌍히 여기는 자는 없을 것이다(5막 3장 201)." 그는 덧붙인다. "왜 그러겠는가. 나 스스로 나 자신을 불쌍히 여기는 마음이 없으니(5막 3장 202-203)." 꿈속에서 리처드는 지금까지 그가 배신하고 죽인 자들의 혼령에게 시달린다. 혼령들은 사실상 그에게 결정적으로 부재한 양심을 상징한다. 그러나 잠에서 깨어 혼자라는 것을 깨달을 때 그는 가장 뼈아픈 괴로움─자기혐오의 괴로움─을 맛본다.

작품 활동을 시작한 초기에 셰익스피어는 아직 내면의 갈등을 설득력 있게 표현할 좋은 방법을 찾지 못했다. 그가 리처드에게 준 독백은 다소 딱딱한 내면의 대화 형식을 띠고 있어서 마치 2인의 꼭두각시가 입씨름을 벌이는 듯하다.

뭐가 무서운 게냐? 나 자신이? 이 방에는 아무도 없어.
리처드는 리처드를 사랑한다. 다시 말하면, 나는 나다.
이 방에 살인자가 있는가? 없다. 아니, 내가 살인자이다.
그렇다면 도망쳐라. 그런데 나 자신으로부터?
꼭 그래야 할 이유가 있나?
복수당하지 않기 위해서이지. 그런데 내가 나에게 복수를?
아, 아니야. 나는 나 자신을 사랑한다. 무슨 이유로?
나 스스로 나에게 어떤 좋은 일을 했기에?
아니, 천만에. 나는 내가 증오스럽단 말이다. (5막 3장 182-189)

그로부터 수년 만에 셰익스피어는 브루투스와 햄릿, 맥베스와 그밖의 인물들에게 부여할 내면의 성찰을 발명한다. 그리고 이 희곡에서 사용한 방법으로는 다시는 돌아오지 않는다. 그러나 리처드의 도식적인 대사는 심리적 갈등—나는 나를 사랑한다, 나는 나를 증오한다—뿐 아니라 괴로운 공허함이 무엇인지를 전달한다. 마치 우리가 폭군의 마음을 살펴보는데 그 안에는 사실상 아무것도 없고 단 한 번도 성장하거나 꽃을 피울 수 없던 자아의 파편 몇 조각만이 흩어져 있는 것을 발견하는 듯하다.

2012년 영국 레스터 시의 도시 미들랜드에서 주차장을 건설하던 인부들이 인간의 유골이 담긴, 썩고 있는 관을 발굴했다. 방사성 탄소로 연대를 측정하고 현대에 생존하는 요크 가문 후손들의 유전자를 연구한 결과, 문제의 시신이 리처드 3세임이 밝혀졌다. 즉시 미디어의 관심이 쏟아졌다. 7개국에서 140명에 달하는 기자와 카메라맨들이 레스터 대학교를 찾아와 기자 회견에 참석했고, 그후 한쪽 방으로 엄숙하게 안내되었다. 방 안에 나란히 붙인 4개의 도서관 책상 위에 벨벳 천으로 덮인 채 누워 있는 유골은 1483년부터 2년 뒤 전장에서 32세의 나이로 사망할 때까지 잉글랜드를 지배한 왕의 것이었다.

셰익스피어의 희곡에서는 리처드를 태운 말이 죽는다. 그는 여러 차례 되풀이한다. "말을 다오, 말 한 필을. 나의 왕국을 줄 테니 말 한 필을 다오!(5막 4장 7)" 다른 말을 구하지 못하자 그는 평원을 가로질러 그의 적 리치먼드 백작이 있는 곳까지 걸어간다. 서로 마주친 두 사람은 1대 1로 싸우고 리처드는 사망한다. 리치먼드 백작은 이렇게 선언한다. "우리가 승리했다. 피에 물든 개는 죽었노라(5막 5장 2)." 그러나 건설 현장에서 예기치 않게 발견된 그 유골은 다른 역사적 진실을 말하는데, 그에 따르면 리처드의 최후는 사뭇 다른 형태였다. 두개골이 박살이 난 것으로 보아, 중세 말기에 병사들이 양손으로 즐겨 사용한 무시무시한 장대식 무기, 미늘창(도끼와 창을 결합한 긴 무기/역주)이 두개골을 강하게 타격한 듯하다. 따라서 리처드 왕은 뒤에서 살해되었을 가능성이 높으며, 게다가 그의 뼈에서는 이른바 "치욕적 손상"의 흔적을 볼 수 있다. 이는 승리자들이 광적인 혐오에 사로잡혀서 죽은 리처드의 둔부와 그밖의 여러 곳을 마구 찔러댔음을 의미한다. 그러나 500여 년 후에 밝혀진 가장 흥미로운 증거는 S 자로 심하게 휜 척추이다. 이 신체적 기형을 통해서 우리는 전 세계 언론에 보도될 만한 인물을 생생하게 그려볼 수 있었다. 비교적 이름 없는 역사적 인물 리처드가 아니라 셰익스피어가 창조해서 런던 무대에 올린, 잊을 수 없는 폭군을 말이다.

7

교사하는 자

『리처드 3세』를 쓰고 15년 가까이 흘렀을 때 셰익스피어는 전제 권력의 동기이면서 부담이 되기도 한, 왜곡된 자아에 다시 몰두하기 시작했다. 덩컨을 배신하고 암살한 것에서부터 비참하고 절망적인 최후에 이르기까지 피에 흠뻑 젖어 괴로워하는 맥베스는 셰익스피어가 창조한 인물들 중에 가장 유명하고 기억할 만한 폭군이다. 그러나 이제 폭군의 깊은 내면을 지배하는 외로움, 자기혐오, 공허감은 신체적 기형과 아무 상관이 없다. 맥베스는 권력을 휘둘러서 부족한 성적 매력을 보완하려는 것도 아니고, 끓어오르는 분노를 간신히 억누르고 있는 것도 아니며, 어려서부터 따뜻하고 온화한 가면으로 자신의 진정한 감정을 위장하라고 배우지도 않았다. 또한 아주 이상하게도 진심으로 왕이 되고 싶어하지도 않는다.

131

리처드와는 달리 맥베스는 모든 난관을 극복하고 절대 권력을 거머쥐겠다는 오랜 꿈을 가슴에 품고 있지 않았다. 마녀 자매들에게 섬뜩한 인사―"만세, 맥베스 님, 장차 왕이 되실 분!(『맥베스』 1막 3장 5)"―를 듣고 그는 깜짝 놀라지만, 애초에 그 이유는 감추어진 욕망이라기보다는 충격적인 두려움 때문이다. 리처드가 도덕적 의무와 평범한 감정에 무관심한 것에 자부심을 느낀다면―"이 눈에서 흐를 연민의 눈물 따위는 존재하지 않는다(『리처드 3세』 4막 2장 64)"―맥베스는 그러한 것에 대단히 예민하다. 그는 힘세고 용감한 대장부, 모두가 신뢰하는 장군, 덩컨 왕의 정권을 충직하게 수호하는 인물이다. 불운한 덩컨이 그를 방문했을 때 맥베스는 비록 마음속에 싹튼 반역의 환상에 잠시 젖어들기도 했지만, 자신의 집에 온 손님을 배신한다는 생각에 오싹함을 느낀다. 그가 충성을 맹세했고, 복무의 대가로 그에게 후한 보상을 주었으며, 모범적이고 청렴하게 권력을 행사해온 군주가 아니던가.

덩컨 왕을 생각하며 맥베스는 이렇게 말한다.

국왕은 마음이 지극히 온화하고
중대한 직무를 대단히 투명하게 수행하니
국왕을 시해한다면 그 높은 덕망이
천사의 나팔 소리처럼 대죄를 고발할 것이오.
또한 동정심은 광풍 위에 걸터앉은 갓 태어난 아기처럼

혹은 형체 없는 공기의 흐름에 올라탄 케루빔처럼

그 소름 끼치는 행위를 모든 사람의 눈에 불어넣어

뜨거운 눈물이 바람을 집어삼킬 것이다. (1막 7장 17-25)

듣는 이도 없이 깊이 고뇌하며 내뱉는 이 말은 리처드 3세의 입술 사이에서 나올 어떤 말과도 거리가 멀다. 우리는 심리적, 도덕적으로 전혀 다른 세계에 들어선다.

자신이 충성을 맹세했던 사람을 살해한다는 생각만으로도 맥베스는 머리털이 쭈뼛 곤두서고, 불안에 심장이 쿵쾅거리고, 마음이 혼란에 빠져 걷잡을 수 없이 소용돌이친다.

살인은 아직 환상일 뿐이지만 그 생각만으로도

나의 온전한 인성이 뒤틀리는구나.

정신의 기능이 억측에 사로잡혀 마비되고

주위는 온통 현실이 아닌 환상뿐이로다. (1막 3장 141-144)

그는 "배꼽에서 턱까지" 단칼에 적을 베는 용맹한 전사지만, 반역을 저지르겠다고 마음만 먹어도 온몸이 갈기갈기 찢어지는 듯하다.

살해를 구상하는 진정한 교사자는 맥베스가 아니라 그의 부인이다. 부인은 저항을 예상한다. 그녀는 남편을 누구보다 잘 아는데, 우려스럽게도 그에게는 독재자에게 필요한 기본 자질

교사하는 자   133

이 부족하다. 남편의 성격은 "인정이 젖과 꿀처럼 흘러넘쳐서(1막 5장 15)" 정작 해야 할 일을 하지 못한다. 이른바 "오늘 밤의 거사(1막 5장 66)"를 계획하는 것도 그녀이고, 남편에게 어떻게 처신해야 하는지 알려주는 것도 그녀이며, 왕의 침실 시종에게 술을 억지로 권하는 것도 그녀이다. 맥베스는 의심과 주저함을 떨치지 못한다. 어쨌든 덩컨은 왕이고, 그를 맞이한 맥베스는 "문을 닫아 살인자를 막고 스스로 칼을 들어서는 안 되는" 것이다(1막 7장 15-16).

운명의 순간이 다가오자 맥베스는 음험한 계획을 취소하려고 한다. "이 일은 더 이상 추진하지 맙시다(1막 7장 15-16)." 그러나 멈추지 말라고 그를 설득하는 것이 하나 있다. 조소 어린 아내의 부추김이다. "그 희망은 당신이 옷을 입는 곳에서 / 술에 취해 곯아떨어졌나요?" 그녀가 묻는다. "마음속으로 간절히 바라면서도 / 막상 용기 있게 행동하려니 / 겁쟁이처럼 두려우신 거예요?(1막 7장 35-36, 39-41)" 맥베스는 나약하다는 책망에 이렇게 대응해본다. "남자다운 일이라면 뭐든지 하겠소(1막 7장 46)." 그러나 그의 아내는 성적인 핵심을 들먹이며 강조한다. "그 일을 하겠다고 결심했을 때 당신은 남자였어요. 이제 그 이상이 되려고 한다면 훨씬 더 큰 남자가 되셔야 해요(1막 7장 49-51)." 이 말에 자극을 받은 맥베스는 살인을 단행한다.

남편의 남성성—바라는 것이 있으면 똑같이 행동으로 보여주는 남자의 능력—을 겨냥한 맥베스 부인의 조롱은 셰익스피어가 들려주는 폭군 이야기에 암시적으로 자주 등장한다. 『맥베스』와 그밖의 여러 작품이 암시하듯이, 폭군은 다양한 성적 불안에 사로잡힌다. 남성성을 입증해야 한다는 강박적인 욕구, 성적 무능력에 대한 두려움, 충분히 매력적이거나 강력하지 않다고 여겨질지도 모른다는 지속적인 불안, 실패에 대한 두려움 등이다. 그런 까닭에 약자를 못살게 구는 경향, 악의적인 여성 혐오, 갑자기 분출하는 폭력성 등이 발생한다. 또한 그런 까닭에 비웃음, 특히 잠재적이나 노골적으로 성을 비웃는 공격에 매우 취약하다.

마녀 자매가 인사를 건넨 순간부터 맥베스는 양가감정의 화신이 되지만, 그의 아내는 그가 모든 것을 쏟아부었으며 되돌아올 수 없을 정도로 멀리 갔다고 무자비하게 주장한다.

나는 젖을 물려보았기 때문에 알고 있어요.
내 젖을 빠는 아기에게 사랑을 느끼는 것이 얼마나 달콤한지요.
그때 당신이 맹세한 것처럼 내가 그렇게 맹세했다면
아기가 나의 얼굴을 보고 방글방글 웃고 있을 때
나는 이도 나지 않은 그 잇몸에서 나의 젖꼭지를 잡아빼어
아기의 두개골을 내동댕이쳤을 거예요.

반역 행위에 대해서 자신이 더 잘 판단하고 있다는 생각을 접고 맥베스는 마지막으로 절망적인 의구심을 표현한다. "그러

다가 실패한다면?" 그러나 그의 아내는 또다른 막대기로 그의 옆구리를 찌른다.

실패라고요?

마음을 굳게 먹고 단행하세요.

그러면 실패하지 않을 테니까. (1막 7장 59–61)

맥베스의 반응은 놀랍다. "사내아이만 낳으시오!" 그가 말한다. "하긴 성정이 그리 대담하니 / 사내아이만 나올 것이오(1막 7장 72–74)." 아내가 부여한 역할을 사실상 수락한 순간 그의 운명은 결정된다. 그가 말한다. "이제 결정했소(1막 7장 79)." 이 순간 우리는 폭군의 탄생을 목격한다.

맥베스가 실행을 완수하고, 아내가 역설한 "최고 통치권(1막 5장 68)"이 수중에 들어오자 그와 리처드를 가르던 심리적, 도덕적 심연이 빠르게 좁혀지기 시작한다. 반역을 생각하기만 해도 오싹함을 느꼈던 그가 이제는 가장 가까운 친구를 죽이기 위해서 자객을 고용한다. 한때 "용맹함의 총신(1막 2장 19)"이었던 맥베스, 두려움을 전혀 느끼지 못했던 그가 갑자기 모든 것이 두려워진다. "저 노크 소리는 어디에서 나는 거지? / 무슨 소리만 들려도 화들짝 놀라다니 어찌 된 일일까?(2막 2장 60–61)" 아내는 상황에 따라서 낯빛을 바꾸라고 강요하지만—"당신의 얼굴은 이상한 내용이 적힌 책과 같아요(1막 5장 60–61)"라며 아내는 그에게 불평한다―맥베스는 속임수와 거짓말의 그물에 걸려 옴짝달싹하지 못한다.

리처드의 거짓말과 마찬가지로 맥베스의 거짓말도 믿는 사람이 없다. 덩컨의 장남인 맬컴이 동생에게 이렇게 속삭인다. "겉으로만 애통해하는 것은 / 부정한 인간들이 쉽게 하는 짓이지(2막 3장 133-134)." 그러자 동생이 동의한다. "이곳에는 미소에도 단검이 숨어 있군(2막 3장 136-137)." 리처드의 왕국에서 몸조심하며 목숨을 부지했던 자들처럼 두 사람도 살기 위해서 도피한다.

스코틀랜드에 있는 사람들은 맥베스가 발표한 공식 보도를 되풀이한다. 시종들이 덩컨을 살해했으며, 그들을 사주한 것은 이미 도피한 두 왕자이다. 시종들을 심문할 수는 없는데, 맥베스가 살해된 왕을 "격렬하게 사랑하여" 그들을 단칼에 처치했기 때문이다. 새로운 정권이 들어섰으니 공식 행사를 통해서 그의 통치에 일말의 정당성을 부여하는 것이 여러모로 편리하다. 폭군의 권력은 구질서가 계속 존재하는 것처럼 보일 때 더욱 수월하기 때문이다. 그럴듯한 합의구조들은 이제 허울만 좋은 장식에 불과하지만, 그럼에도 모두 제자리를 지키고 있으니 구경꾼들은 심리적 안정과 행복감을 갈구하는 만큼 법치주의가 계속 유지되고 있다고 믿을 수 있게 된다.

어쨌든 맥베스의 친구인 뱅쿠오는 무슨 일이 일어나고 있는지 얼마간 이해한다. 뱅쿠오는 황야에서 마녀들이 으스스한 예언을 할 때 그 자리에 있었고, 작은 사건들이 아귀가 들어맞는 과정을 지켜보고 있었다. 그리고 친구에 대해서 이렇게 숙고한다. "결국 그렇게 되었구나. 왕, 코더, 글래미스, 그들 모두 이상한 마녀들이 예언한 대로. 네 손에서 악취가 풍기지 않는지 실로 염려스럽다(3막 1장 1–3)." 뱅쿠오는 원칙주의자이지만, 터놓고 말하거나 도망치지 않는다. 그는 버킹엄 공작 같은 조력자가 아니라 맥베스의 친구이자 동맹자이며, 자신의 의혹이 사실이라는 증거도 없다. 게다가 마녀들의 예언에는 그 자신도 포함된다. "왕이 되지는 못해도 대대로 왕을 얻으실[즉, 낳으실] 분(1막 3장 68)." 마녀들이 맥베스에게 예언한 것이 모두 사실이라면, 그가 스스로에게 묻는다. "그것은 또한 나의 신탁이고 / 나에게도 희망이 있다는 것 아닌가?(3막 1장 9)"

절친했던 사이가 변한다. 마치 둘의 우정이 그대로인 것처럼 맥베스는 변함없이 다정하게 말을 걸지만, 뱅쿠오는 왕관이 만들어낸 차이를 알고 있다는 듯 격식을 갖추어 대답한다.

그리 하명하신다면
영구히 맺어진 신하의 도리를 다하여
성심껏 책무를 수행하겠나이다. (3막 1장 15–18)

맥베스는 맥베스대로 이미 폭군의 제1 교훈, 폭군에게는 친구가 없다는 것을 깨닫는다. 그가 무심코 던진 질문―"오후에

말을 타고 어디 나가시오?(3막 1장 18)"—은 친구를 제거하려는 음모의 서곡이다. 맥베스는 "뱅쿠오에 대한 우리의 두려움은 뿌리가 깊다"라고 생각한 뒤 자객들에게 지시를 내리고 뱅쿠오의 아들 플리언스도 함께 처치하라고 강조한다. 플리언스가 살아남으면 문제의 예언—뱅쿠오가 왕을 낳을 것이다—이 실현될 수 있음을 알고 있기 때문이다. 맥베스는 마음을 모질게 먹는다. 행여 그렇게 된다면 그가 마음과 영혼을 더럽힌 끝에 "뱅쿠오의 씨를 왕으로(3막 1장 70)" 만들어주는 꼴이 되지 않은가.

자신이 더럽다고 느끼는 폭군의 의식을 셰익스피어는 『리처드 3세』의 결말에 이르러서야 제시했다. "오히려 나는 나 자신을 증오한다 / 가증스러운 행위를 저질렀으니까(5막 3장 188–189)." 그런데 맥베스는 처음부터 그런 생각에 사로잡힌다. 그리고 스스로 자신의 명예를 더럽혔다는 이 느낌과 더불어 그가 "초조한 무아지경(3막 2장 22)"—즉, 마음을 완전히 지치게 하는 지속적인 불안—이라고 부르는 것이 있다. 그는 마치 그 자신과 행복을 갈라놓는 것이 뱅쿠오 하나인 것처럼 그에게만 신경을 집중한다. "그를 제외하고는 / 아무도 두렵지 않아(3막 1장 54–55)." 그러나 맥베스가 아내에게 내보이는 그 내면의 괴로움은 친구를 처치하기 위해서 자객을 고용하는 것으로는 해결되지 않는다.

맥베스 부인은 남편의 정신 상태가 두 사람 모두에게 위협이 될 수 있음을 안다. "모든 것이 헛되고 허무하구나." 그녀가 생각에 잠긴다.

욕망은 채워졌으나 이렇게 만족이 없다면
남을 파괴하고 불안한 기쁨 속에 사느니
오히려 파괴당하는 편이 더 마음 편안할 터. (3막 2장 4-7)

그러나 그녀는 과연 무엇을 예상했던가? 그녀가 스스로 인정하듯이 독재 권력은 파괴를 통해서, 백성과 온 나라를 파괴함으로써 생겨난다. 어찌 되었든 맥베스 부인은 그러한 수단으로 그들의 개인적인 만족, 안전, 기쁨을 얻을 수 있으리라고 예상했다. 이 생각은 살해된 왕의 피를 손에서 씻어낼 때 그녀가 입 밖에 낸 치명적인 어리석음과 조화를 이룬다. "[손에 묻은 피는] 물을 조금 부으면 말끔히 씻겨나갑니다(2막 2장 70)."

남편과 아내의 강한 결속은 덩컨을 살해하겠다는 결정에 유익했으며, 그들이 함께 행한 행동의 파괴적인 여파 속에서 그들 각자에게 남아 있는 것은 바로 인간적인 결속이다. 그러나 이제 맥베스 부인이 남편에게 어떤 말을 해도—"왜 고독하게 계시는지요", "이미 지난 일입니다", "밝고 즐거운 마음을 가지세요"—그를 괴롭히는 내면의 고통은 가라앉지 않는다. 그녀는 객관적인 사실을 명랑하고 마음 편히 받아들이라고 강조하지만, 고뇌에 빠진 그에게는 그러한 시도가 공허하게 들린다.

"부인, 이 마음속에 전갈이 우글거리고 있소(3막 2장 35)." 셰익스피어의 부부로서는 굉장히 드물게 맥베스는 계속 애정 어린 호칭을 사용하지만, 맥베스는 이제 자신의 사악한 계획을 아내에게 털어놓지 않는다. "어떻게 하실 건가요?" 그녀가 뱅쿠오에 대해서 묻자 맥베스는 이렇게 대답한다. "사랑하는 여보, 그에 대해서는 알려고 하지 마시오. / 나중에 잘했다고 칭찬이나 해주시오(3막 2장 44-45)."

부인에게 칭찬을 들을 기회는 그날 밤에 찾아오지만, 모든 것이 엉망이 되고 만다. 자객들이 돌아와 뱅쿠오를 죽였다고 맥베스에게 보고한다. "머리에 스무 군데나 깊은 상처를 입고 무탈하게 도랑에 처박혔습니다(3막 4장 27-28)." 그러나 뒤이어 그의 아들도 "무탈하게" 죽이는 데에는 실패했다고 보고한다. 맥베스의 반응은 그의 특정한 심리 상태를, 더 일반적으로 보자면 폭군의 환상과 부담을 여실히 보여준다. 플리언스가 달아났다는 말을 듣자 그가 말한다. "그렇다면 발작이 다시 일어나겠구나."

그렇지 않았더라면 나는 완전했을 터인데.
대리석처럼 순결하고, 바위처럼 굳건하고
모든 것을 감싸는 공기처럼 매이지 않고 자유로웠을 터인데
하지만 이제 나는 오두막집에, 가축 우리에, 철장 안에 갇혀
짓궂은 의심과 두려움에 얽매이게 되었구나. (3막 4장 22-26)

"나는 완전했을 터인데." 맥베스가 얻고자 하는 것은 일종의 완전함, 즉 돌과 같이 단단하고 견고하고 확고한 것, 혹은 반대로 공기와 같이 투명하고 자연스럽게 스며들고 무한히 퍼지는 것이다. 어느 쪽이든 맥베스가 꾸는 꿈은 인간 조건에서 벗어나는 것인데, 그에게 지금과 같은 조건은 폐쇄공포증처럼 견딜 수 없이 고통스럽다. 그의 갈망은 측은할 지경이며, 심지어는 "완전해지는" 수단으로서 친구와 친구의 아들을 함께 살해하는 것도 불사할 정도로 정신이 비현실적인 차원에 도달한다.

셰익스피어의 다른 작품에서와 마찬가지로, 여기에서도 병적인 자아도취가 폭군의 행동에 동력을 불어넣는다. 남들의 목숨은 중요하지 않다. 중요한 것은 어떻게든 그 자신이 "완전하고" "굳건해지는" 것이다. 그는 아내에게 "온 세상이 무너지고, 천지가 파멸해버리라지"라고 말한다.

두려움에 떨면서 식사를 하고
밤마다 이 지독한 꿈에 시달리면서
고통을 겪을 바에야. (3막 2장 17-19)

분명 그 꿈은 끔찍하기 이를 데 없으니, 그가 자초하기는 했어도 매일 밤 견뎌야 하는 악몽에 일말의 동정을 느끼는 사람이 있을지도 모른다. 그러나 다른 사람, 다른 것, 심지어 세계 그 자체에 대한 악의적인 무관심은 동정을 살 여지가 전혀 없다. "만물의 기본 틀 따위는 먼지처럼 흩어지라지(3막 2장 16)."

뱅쿠오라는 인물은 그가 걸어온 타락의 길과 대립하는 도덕적 대안의 상징인 만큼, 폭군 입장에서는 그를 죽이는 것으로는 성에 차지 않는다. 맥베스는 뱅쿠오를 이렇게 묘사한다.

그자는 매우 대담하고 심지가 굳은 데다
용맹함을 다스려 안전하게 행동할 수 있는
지혜마저도 겸비하고 있지. (3막 1장 51-54)

맥베스로서는 가능성이 조금이라도 있으면 그 남자의 아들마저 죽여야 한다. 폭군은 현세대뿐 아니라 다가올 세대들, 앞으로 영원히 이어질 세대까지 파괴하려고 한다. 리처드와 마찬가지로 맥베스를 아동 살해범으로 만드는 것은 음모의 위급성만이 아니다. 결국 폭군은 미래의 적이 된다.

그러나 미래와 과거를 모두 제거하는 일은 폭군의 상상만큼 쉽게 진행되지 않는다. 플리언스는 용케 도망친다. 그리고 리처드의 꿈에 그가 죽인 자들의 유령이 출몰하는 것처럼, 맥베스 역시 아내와 함께 차린 연회석상에서 피에 젖은 뱅쿠오의 유령을 마주한다. 그 유령은 독재자의 억압된 양심이 아니라, 그의 망가진 심리 상태를 상징한다. 맥베스 부인은 이전과 마찬가지로 남편의 결의를 굳혀보려고 한다. 그녀가 꾸짖는 투로 남편에게 "당신, 대장부 아닌가요?"라고 묻는다.

교사하는 자　　　143

아, 그런 돌발적인 경련은 진짜 두려움과 비슷할 뿐,

겨울날 불가에서 여인네가 자기 할머니 이름을 걸고 지껄이는

이야기와 같아요. 창피하지도 않나요? (3막 4장 64-67)

그러나 그녀의 성적 비웃음에 힘을 실어주었던 친밀감은 사라지고 맥베스의 공포는 극심해진다. 맥베스의 정신없는 행동을 목격하고 엉뚱한 말을 들은 사람들은 그가 심각한 문제에 시달리고 있음을 알아차린다.

셰익스피어는 폭군들이 되풀이해서 거의 필연적으로 드러내는 모습에 방점을 찍는데, 이 희곡에서도 연회 손님들은 그 문제와 맞닥뜨린다. 목격자들, 특히 그를 자주 접견하는 귀족들이 지도자가 정신적으로 불안정하다는 사실을 분명히 느끼게 되는 것 말이다. 맥베스가 불안과 좌절에 떨고 있을 때 로스가 용기를 내어 말한다. "전하께서 편찮으신가 봅니다(3막 4장 53)." 그러나 부부는 어떻게 행동하기로 되어 있는가? 역설적이게도 맥베스 부인은 남편이 늘 이런 발작에 시달려왔다는 말로 문제를 덮으려고 한다. "전하께서는 자주 이러십니다. / 어릴 때부터 이러셨지요(3막 4장 54-55)." 이 뜻밖의 사실은 다소 충격적이지만, 그런 발작이 정신병의 초기 증상인 것보다는 덜하다. 적어도 맥베스의 확실한 능력과 안정된 마음이 그런 우발적인 발작과 오랫동안 공존해왔음을 의미하기 때문이다. 그러나 발작이 계속되어 급기야 폭군의 범죄 행각이 드러날 위기

144

에 처하자 맥베스 부인은 재빨리 손님들을 해산한다. "그럼 여러분, 안녕히 돌아가세요. / 퇴청 순서는 개의치 마시고, 어서요(3막 4장 120-122)." 그녀는 맥베스의 또다른 자백이 그들 귀에 들어가는 것을 바라지 않는다.

마침내 두 사람만 남게 되었을 때 맥베스 부인은 그의 계속된 부르짖음—"또다시 피를 보게 될 것이다. 피는 피를 부른다고 하지 않는가(3막 4장 124)"—을 말없이 들으며, 이번에는 비난도 위로도 하지 않는다. 마치 두 사람 사이의 어떤 수로가 말라버린 듯하다. 맥베스는 새롭게 의심스러운 대상이 생겼다고 밝힌다. 맥더프가 그의 초대를 거절한 것이다. 그러자 그녀가 낯설만치 무감정한 어조로 묻는다. "사람을 보내 통보하셨나요?" 맥베스는 자신이 모든 곳에 첩자를 심어놓아서 미리 알 수 있었다고 대답하고, 이제 마녀들을 찾아가 다른 예언이 더 있는지 들어보아야겠다고 말한다. 이 말에 그의 아내는 아무 말도 하지 않고, 그는 단호한 어조로 다시 한번 폭군의 끔찍한 자아도취를 드러낸다. "나에게 득이 되는 일이라면 어떤 일이든지 불사하겠소(3막 4장 137-138)." 그녀는 여전히 말을 하지 않고, 맥베스는 마치 혼자 방백을 하듯이 이제는 과거로 돌아갈 수 없다는 섬뜩한 확신의 말을 되풀이한다. "핏물에 발을 담그고 / 이렇게 멀리 왔으니, 여기에서 계속 나아가지 않는다면 / 돌아가는 것도 전진하는 것만큼이나 지루할 거요(3막 4장 138-140)."

"지루하다"는 맥베스가 얼마나 악몽에 시달렸는지를 알 수 있는 표현이다. 이제 도덕적 고려나 정치적 책략 또는 기초적인 지능 등은 모두 사라지고, 오직 필요한 노력을 계산하는 것에만 집중한다. 숨을 고르고 생각하기보다는 충동에 따라 행동하는 것이 차라리 낫다. "머릿속에 든 기이한 생각들이 손으로 내려갈 것이오. / 자세히 따져보는 것은 실행한 후에나 할 일이오(3막 4장 141-142)." 이제야 맥베스 부인은 예전의 친밀감이 떠오르는 말을 꺼낸다. "모든 자연에 양념이 되는 잠이 부족해서 그렇지요(3막 4장 143)." 남편이 동의한다. "그렇소. 자, 가서 잠자리에 듭시다." 희곡에서 이 말은 부부의 마지막 대화이다.

이후로는 필사적으로 마음의 안정을 찾고자 하는 맥베스의 절박함이 어떤 결과로 이어지는지를 볼 수 있다. 맥베스는 마녀들의 모호하고 기만적인 예언을 고지식하게 맹신하고, 맥더프 영주가 잉글랜드로 피신한 뒤에도 사악하기 이를 데 없는 결심을 통해서 맥더프의 아내와 아이들을 죽이라고 명령한다. 불안정, 과신, 살인적인 격노가 한배를 타는 것은 이상한 일임에도 폭군의 영혼에는 이 셋이 공존한다. 그에게는 하인과 공범자가 있지만, 그는 사실상 외톨이다. 그를 억제할 수 있는 제도적 장치는 모두 말을 듣지 않는다. 국가의 통치자는 물론이고 평범한 사람도 한밤중에 엉뚱한 메시지를 보내거나 매번 광적인 충동에 따라서 행동하지 않도록 규제하는 내적, 외적 검열을 찾아볼 수가 없다. 맥베스는 이렇게 선언한다. "이 순간부터 나의 심장의 첫 수확물은 / 나의 손의 첫 수확물이 될 것이다(4막 1장 145-146)."

평생을 함께한 사람도 그의 삶에서 멀어진다. 유명한 몽유병 장면에서 우리는 맥베스 부인이 내면의 악마들에게 붙잡혀 있는 것을 볼 수 있다. 또한 그녀가 미친 듯이 손을 씻는 모습— "사라져라, 이 빌어먹을 핏자국!(5막 1장 31)"—을 지켜보는 것도 그녀의 남편이 아니라 의사와 시녀이다. 전투 준비를 하던 중 아내가 죽었다는 전갈을 듣자 맥베스는 그저 이렇게 말할 뿐이다. "언젠가는 죽을 사람. / 어차피 한번은 그런 기별을 들어야 할 것이다(5막 5장 17-18)."

그런 뒤 셰익스피어는 폭군이 된다는 것의 심정을 이해할 수 있는 가장 깊고 성숙한 사유를 보여준다. 맥베스는 백성들이 그를 혐오하고 있으며 더 나아가 그의 이름만 들어도, 맬컴의 표현을 빌리자면 "혀에 물집이 잡힐 지경(4막 3장 12)"이라는 것을 알고 있다. 그는 사실상 처음부터—덩컨을 배반하고 죽이기 전부터—자신이 왕이 되기에는 부적합하다는 것을 알고 있었다. 그 물건들은 고귀한 지위를 과시하는 상징을 모두 지녔음에도 몸에 어색하게 얹혀 있어서 그가 왕위와 어울리지 않는다는 사실만을 부각한다. 그의 신하가 말한다. "난쟁이 같은 도둑이 거인의 옷을 훔쳐 입은 듯 / 몸에 맞지 않고 헐렁헐렁하기만 하지(5막 2장 20-22)." 한때 그는 대대손손 왕위를 물려주겠다는 꿈을 꾸었지만—그는 "사내아이만 낳으시오"라고 아내에게 말한다—이제는 그럴 수가 없다. 또한 각지에서 몰려든 적군을 용케 물리친다고 해도 그의 앞에 놓인 삶은 암울하기만 하다.

> 노년에 함께해야 할 명예, 사랑, 복종, 교우
> 이런 것들은 꿈도 꾸지 말아야 한다. 그 대신
> 들리지는 않으나 깊은 데에서 울리는 저주
> 입에 발린 말이나 속삭임 따위,
> 나약한 마음이 거부하고는 싶으나
> 감히 그러지 못하는 것들이 다가오겠지. (5막 3장 24-28)

"입에 발린 말", 다시 말해서 돈을 받았거나 어쩔 수 없이 찬양해야 하는 자들의 공허한 칭찬, 이것이 그가 왕위에 있는 동안에 바랄 수 있는 보상이다.

『리처드 3세』에서 셰익스피어는 자기애와 자기혐오 사이에서 갈팡질팡하는 폭군의 괴로운 입장을 상상했다. 『맥베스』에서 작가는 훨씬 더 깊이 파고든다. 배신, 빈말, 수많은 자의 무고한 죽음, 이 모든 것은 과연 무엇을 위해서일까? 우리 시대의 독재자들은 이 모든 것을 진실하게 심판받는 순간을 가지기 어려울 것이다. 그러나 맥베스는 스스로 초래한 이 상황을 거리낌 없이 묘사한다.

내일, 내일, 또 내일은

날마다 이렇게 작은 보폭으로

역사의 마지막 음절을 향해 기어가고

우리의 모든 어제는 바보들에게

먼지투성이 죽음에 이르는 길을 비추어준다.

꺼져라, 훅 꺼져버려라, 덧없는 촛불아.

인생은 한낱 걸어다니는 그림자

제시간이 되면 무대 위에서 뽐내며 걷고 칭얼거리다가

갑자기 아무 소리도 들리지 않게 되는 가엾은 연기자,

소리와 분노로 가득하지만

아무 의미도 없이

멍청이가 지껄이는 이야기. (5막 5장 19-23)

완전한 무의미에 대한 이 처절한 경험이 현대의 부조리극처럼 인간의 실존적 조건이 아니라는 점을 우리는 이해해야만 한다. 이 희곡은 그러한 경험이 단지 폭군의 운명이라고 강조하는데, 그 말—"폭군"—이 희곡 전체에 울려 퍼지고 되울려 퍼진다.

버넘 숲이 던시네인으로 다가오지 않는 한 맥베스가 패하지 않을 것이라는 마녀들의 장담은 단순한 속임수로 밝혀지고, 절망에 빠진 폭군은 결국 그에게 아내와 아이들을 잃은 맥더프와 마주친다. 처음에 맥베스가 싸우기를 거부하자 그의 적이 말한다. "싸우기 싫다면 모두의 놀림과 시선을 받는 웃음거리로 살아라(5막 7장 54)." 실제로 맥더프가 상징하는 맥베스의 가장 비참한 굴욕은 그가 대중의 구경거리가 되어 광고문과 함께 전시되는 것이다.

진기한 괴물인 양 장대 끝에 네 머리를 꿰고
그 밑에 이렇게 써붙일 것이다.
"여기 폭군을 보라." (5막 7장 55-57)

비록 "공포를 실컷 맛보았고" 절망의 깊이도 재보았지만, 맥베스에게 이 서커스 같은 종말은 견딜 수 없는 모멸이다. 친구도 없고 자식도 없이 홀로 남은 처지에 맥베스는 삶의 밧줄을 매어 걸 데가 없다. 그 자신이 을씨년스럽게 말했듯이 그의 목숨은 누렇게 말라버린 잎이 되었다. 맥베스는 싸우다 죽는다. 맥더프는 그의 검에 잘린 "저주받은 머리"를 높이 치켜들고 폭정은 끝났다고 선언한다. "자유의 시대가 왔다(5막 7장 85)."

8

위대한 자들의 광기

리처드 3세와 맥베스는 자신을 방해하는 정통 군주를 죽여 권력에 오른 범죄자이다. 그러나 셰익스피어는 더 음흉한 문제에도 관심을 기울였다. 정통 군주로 시작했지만 정신적, 정서적 불안정으로 인해서 폭군의 행동으로 기우는 자들의 문제였다. 그런 자들이 신하들 그리고 그들 자신에게 불러일으키는 공포는 심리적 피폐에서 비롯된 결과이다. 그들 곁에는 사려 깊은 조언자와 친구들, 즉 자기 자신을 보호하려는 건강한 본능과 나라를 염려하는 넓은 마음을 겸비한 사람들이 있을지 모른다. 그러나 그런 자들이라고 해도 광기에 사로잡힌 폭정을 저지하기는 극히 어렵다. 폭군의 행동이 돌발적이기도 하거니와 오랜 충성과 신뢰를 통해서 복종하는 습관이 굳어졌기 때문이다.

『리어 왕』의 배경인 영국에서 나이 든 폭군은 난폭한 아이처

151

럼 제멋대로 굴기 시작하는데, 처음에는 아무도 감히 뭐라 하지 못한다. 왕위에서 물러나겠노라 마음을 굳히고—"이 나이가 되었으니 그 모든 책임과 노고를 내려놓고 / 힘이 센 젊은이들에게 나누어주겠노라(『리어 왕』 1막 1장 37-38)."—궁정 대신들을 불러모아 자신의 "굳은 의향"—즉, 그가 정한 결정—을 발표한다. 그는 왕국을 셋으로 나누어 그에게 아첨하는 능력에 비례하여 딸들에게 분배하겠노라고 선언한다.

나의 딸들아, 짐이 이제 왕좌와 영토,

국정 책임과 근심을 내려놓고자 하니

말해보거라,

너희 중에 누가 가장 짐을 사랑하느냐?

효심이 가장 깊어 받아 마땅한 딸에게

가장 큰 몫을 하사하겠다. (1막 1장 46-51)

미친 생각이지만, 단 한 사람도 개입하지 않는다.

이 기괴한 경연을 지켜보는 관객들은 은퇴하는 독재자가 허영을 충족하기 위해서 이런 형식적인 게임을 고안했으리라고 믿기 때문에 그저 침묵을 지키고 바라볼 수도 있다. 결국 연극 초반에 지위가 높은 귀족인 글로스터 백작이 이미 세심하게 분할된 왕국의 지도를 보았다고 언급한다. 또한 이 무렵에는 오랫동안 나라를 다스린 리어 왕이 자신에 대한 칭찬을 끊임없이 듣고 싶어한다는 점에 모두가 익숙해졌을지 모른다. 원탁에 둘러앉은 딸들은 속으로 짜증을 내면서도 그가 원하는 "빈말"을 상납한다. 리어 왕의 그림자 안에 있으니 그들이 얼마나 축복받은 자식인지, 왕의 업적이 얼마나 엄청난지, 그들이 "시력, 공간, 자유보다(1막 1장 54)" 왕을 얼마나 더 소중히 여기는지 등을 말이다.

그러나 가장 사랑하는 막내딸인 코델리아가 이 메스꺼운 게임에 참여하지 않겠다고 하자 분위기는 갑자기 극도로 심각해진다. 코델리아의 지조 있는 저항—"아바마마를 사랑하는 것은 / 저에게 주어진 도리에 따른 것입니다. / 그 이상도 그 이하도 아닙니다(1막 1장 90)"—에 격노한 리어 왕은 코델리아의 상속권을 박탈하고 딸을 저주한다. 그러자 마침내 리어 왕의 행동에 공개적으로 반대하는 사람이 나타나지만, 오직 켄트 백작 한 사람이다. 충직한 켄트 백작은 예의와 격식을 갖추어 발언을 시작하는데 리어 왕이 퉁명스럽게 그의 말을 끊는다. 그러자 백작은 궁정 예법을 완전히 내려놓고 다음과 같이 직접적인 반대 의견을 펼친다.

폐하 어찌하여 이러시는지요?
국왕이 아첨에 젖어 있을 때
충신은 말하기를 두려워해야 한다고 생각하십니까?
국왕이 어리석음에 빠질 때

위대한 자들의 광기

솔직하게 말하는 것이 저의 의무입니다.

부디 왕위를 지키시는 마음으로

이 경솔한 처분을 재고하여 주시옵소서. (1막 2장 143-149)

궁정에는 책임이 있는 성인들이 더 있다. 코델리아의 언니인 고너릴과 리건, 그들의 남편인 올버니 공작과 콘월 공작도 사태의 흐름을 지켜보고 있다. 그러나 그들이든 다른 누구든 아무도 반론에 동조하지 않고, 소극적인 항의조차 하지 않는다. 모든 사람이 분명히 알고 있는 것을 켄트 백작 한 사람만이 용기 있게 이야기한다. "리어 왕은 미쳤다(1막 1장 143)." 이 입바른 자는 그 솔직함 때문에 왕국에서 영원히 추방되고, 이를 위반하면 즉시 처형되는 신세가 된다. 그래도 다른 사람들은 여전히 입을 다문다.

리어 왕의 궁정은 심각하고 심지어 극복하기 어려울 수도 있는 문제에 직면해 있다. 연극의 배경인 먼 과거, 대략 8세기경의 영국에는 왕권을 견제하거나 누그러뜨리는 제도나 기관―의회, 추밀원, 판무관, 고위 사제 등―이 전무한 것으로 보인다. 직계 가족, 왕실의 피를 이어받은 귀족 그리고 종들에게 둘러싸인 왕은 그들에게 조언을 요청하고 들을 수는 있지만, 가장 중요한 의사 결정권은 왕이 독점한다. 왕이 바라는 바를 말하면 나머지는 무조건 복종하는 것이 원칙이다. 그러나 이 모든 체계는 왕이 제정신이라는 전제에 달려 있다.

견제하는 기관이 여럿인 체제에서도 국가 원수는 거의 항상 막강한 권력을 행사한다. 그러나 원수의 정신 상태가 국정 수행에 적합하지 않을 때 어떤 일이 발생할까? 원수가 나라의 행복과 안전을 위협하는 결정을 내리기 시작한다면 어떻게 될까? 리어 왕으로 말하자면, 이 통치자는 그때까지 단 한 번도 안정이나 성숙한 감정의 모범인 적이 없었을 것이다. 그가 막내딸을 충동적으로 저주한 것을 두고 냉소적인 두 딸, 고너릴과 리건은 부왕이 나이를 먹을수록 그들이 오랫동안 목격해온 문제의 성벽性癖이 심해진다고 말한다. "망령이 나신 거죠. / 하지만 정작 당신께서는 본인을 조금도 모르세요." 리건이 말하자 고너릴이 맞장구를 친다. "가장 정정하셨던 시절에도 / 성미가 급하셨지(1막 1장 289-292)."

동생인 코델리아의 상속권 박탈은 고너릴과 리건을 위축시키지 않는다. 오히려 코델리아의 몫을 나누어 가질 수 있기 때문에 그들에게는 직접적 이득이 된다. 따라서 그들은 부왕의 불같은 격노를 누그러뜨리려고 하지 않는다. 그러나 부왕이 언제라도 자신들에게 화살을 돌릴 수 있음을 그들은 알고 있다. 그들은 리어 왕의 뿌리 깊은 사고방식—그들이 "아바마마의 고질적인 성벽"이라고 부르는 것—과 노년의 영향을 한데 묶어 대처해야 한다. "오랫동안 몸에 벤 결함들뿐 아니라 허약해지셔서서 화를 잘 내던 시절에 그와 더불어 생겨난 통제불능의 변덕이 우리에게 쏟아지겠구나(1막 1장 292-295)." 특히 걱정되는 것은 "언제 일어날지 알 수 없는 발작(1막 1장 296)", 즉 방금 켄트 백작을 추방할 때 나타났던 돌발적 분노이다. 충동적인 지배자가 나라를 운영한다는 것은 극도로 위험하다.

고너릴과 리건은 자기밖에 모르는 역겨운 인간이다. 그러나 그들은 심각한 문제가 코앞에 닥쳤음을 인식하고, 왕국의 이익은 몰라도 그들 자신의 이익만큼은 잃지 않을 심산으로 재빨리 조치를 취한다. 부왕은 왕국의 실질적 운영을 두 딸과 부마에게 넘기겠다고 했지만, 100명의 무장한 시종을 보유한다. 딸들은 부왕이 성급한 행동을 하지 못하도록 이 군대를 그의 손에서 빼앗기 위한 행동에 거의 즉시 돌입한다. 먼저 그들은 인원수를 50명으로 줄이고, 다시 25명, 또다시 절반 이하로 계속 줄인다. 고너릴이 묻는다. "25명이 왜 필요합니까? 10명이나 5명이면 충분할 텐데요?" 리건이 한술 더 뜬다. "한 명도 필요 없지 않나요?(2막 4장 442-444)." 지금도 추하지만 갈수록 더 추해진다. 그러나 시종을 없애야 한다는 생각은 주변 사람들에게 명령하는 방식에 익숙한 충동적 자아도취자라면 아무리 작은 군대라도 통솔해서는 안 된다는 인식에서 나온 것이다.

처음에 리어 왕이 성급하고 자멸적으로 행동할 때 코델리아와 켄트 백작만이 용감하게 목소리를 내 그의 난폭한 행동에 반대했다. 두 사람이 그렇게 한 것은 그들의 충언에 불같이 격노한 당사자, 헌신적으로 사랑한 그 사람을 진심으로 지켜주고 싶었기 때문이다. 그들이 추방되고 리어 왕이 퇴위하자 국가의 붕괴를 막을 수단이 완전히 사라진다. 이 붕괴는 국왕의 방종한 변덕에서 비롯되었지만, 폭정의 책임을 떠맡을 사람은 그—권력을 빼앗기고 광기에 빠진 그—가 아니다. 앞으로의 책임자는 법치를 조금도 존중하지 않고 예의범절의 기본 규범을 무시하는 사악한 두 딸이다.

리어 왕에 대한 충성심으로 켄트 백작은 파멸한 주인을 섬기기 위해서 목숨을 걸고, 변장한 모습으로 돌아온다. 그러나 왕이 자초한 재난을 막기에는 너무 늦었다. 켄트 백작은 사실상 재갈이 물려 있고, 코델리아는 추방된 상태이다. 모두가 감지하고 있는 이 사태가 어떻게 벌어졌는지 대놓고 말할 수 있는 사람은 풍자 배우인 광대뿐이다. 오늘날 심야 쇼의 코미디언에 해당하는 광대는 행여 억압당하거나 처벌받을 수도 있는 것을 사회적 인습에 따라 드러내놓고 표현할 수 있다. 광대가 리어 왕에게 말한다. "내가 당신보다 낫지요. 나는 바보, 당신은 아무것도 아닌 무존재(1막 4장 161)." 그런데 왕의 딸들이 다스리는 새로운 정권에서는 이렇게 제한된 언론의 자유마저도 허용되지 않는다. 고너릴은 "모든 것이 허용되는 바보(1막 4장 168)"의 무례함은 더 이상 참을 수 없다고 아버지에게 분명히 밝히고, 리건도 나을 것이 없다. 연극 중반에 미친 왕과 함께 거친 폭풍 속으로 떠밀려 들어간 광대는 부르르 떨며 애처롭게 영원히 사라진다.

리처드 3세나 코리올라누스와는 달리, 리어 왕에게서는 그의 유년기, 즉 성격장애의 씨앗이 뿌려진 계기를 볼 기회가 거의 없다. 단지 오랫동안 습관적으로 만사를 제멋대로 하고 타인의 반박을 견디지 못하는 남자만 보인다. 초라한 오두막집에 앉아 걸인과 맹인을 곁에 두고 광기를 부리는 중에도 그는 과대망상에서 헤어나오지 못한다. "내가 노려보면, 보아라, 신하들이 덜덜 떠는 꼴을(4막 6장 108)." 그러나 그의 광기에서는 힘들게 깨달은 진실의 조각들이 곳곳에서 번득인다. "그것들은 개처럼 나에게 알랑거렸어." 그가 회상한다. 모두가 비위를 맞추었고, 어리숙한 풋내기 시절에도 그가 성숙한 지혜를 갖추었다고 칭찬했다. 이제 우리는 그의 자아도취증이 어디에서 비롯되었는지를 가장 가까이 이해할 수 있다. "내가 무슨 말을 하건 '예' 하거나 '그렇습니다'라고 맞장구를 쳤지! 한데 '예'와 '그렇습니다'도 엉터리 신학처럼 진실하지 않았어(4막 6장 97-100)."

그런 환경 때문에 리어 왕은 가족의 진실, 왕국의 진실, 심지어 제 자신의 몸도 이해할 준비가 되어 않았다. 그는 자식들을 망가뜨린 아버지이고, 정직하고 진실한 부하와 부패한 악당을 구별하지 못하는 지도자이며 백성들의 요구를 들어주기는커녕 외면하는 통치자이다. 연극 초반, 리어 왕이 아직 왕위에 있을 때 그 백성들은 전혀 눈에 띄지 않는다. 마치 왕이 그들의 존재를 받아들이지도 않는 것처럼 말이다. 거울을 보면 항상 실물보다 더 큰 존재, "흠잡을 데 없이 완벽한 왕(4막 6장 108)"이 보였다.

그는 추위에 열이 나고 몸이 떨릴 때에야 자신이 거짓말을
입에 달고 사는 아첨꾼들에게 둘러싸여 있었다는 것을 깨닫고,
하늘이 무너지는 것만 같다.

일전에 비를 만나 온몸이 흠뻑 젖고 바람을 맞아 이가 딱딱 맞부
딪힌 적이 있었지. 내가 명령을 해도 천둥은 멈추지 않았어. 그때
나는 그것들의 정체를 알아챘지. 젠장, 그것들은 진실을 말하지
않는 자들이야. 그것들은 내가 전부라고 말했지. 새빨간 거짓말
이야. 나도 오한이 들거든. (4막 6장 100-105)

"그것들은 내가 전부라고 말했지." 그토록 극단적인 유아론
자가 결국 자기 자신도 다른 모든 사람처럼 육체적 고통에서
자유롭지 않음을 깨닫는다. 일종의 도덕적 승리이다.

그러나 셰익스피어의 희곡은 이 겸손한 깨달음의 비극적 대
가를 냉정하게 바라본다. 리어 왕은 자기가 "죄를 지었다기보
다는 오히려 피해를 많이 당한 사람(3막 2장 60)"이라고 주장하
지만, 그의 두 딸이 그를 죽이고자 하는 비뚤어진 괴물이라는
사실로부터 완전히 무고하다고 주장할 수는 없다. 막내딸의 비
참한 운명과 관련해서는 결백하지 않은 것이 분명하다. 그는
코델리아의 도덕적 고결함을 일축했고 딸의 사랑을 이해하지
못했다. 또한 고너릴의 남편인 올버니 공작의 인간적인 품위와
리건의 남편인 콘월의 잔인한 가학성을 구별하지 못했으며, 지

배적인 두 분파 사이에 무력 충돌이 일어날 가능성이 크다는 점을 간과한 채 왕국을 분할했다.

리어 왕은 본인이 직접 사나운 폭풍 속에서 헤매는 순간이 되어서야 자신이 수십 년간 지배해온 그 땅에서 집 없는 곤궁함을 이해한다. 거센 빗줄기를 맞는 동안 그가 던지는 질문은 강렬하다.

지금 어디에 있든지 이 무자비한 폭풍우를 온몸으로 맞는

헐벗고 굶주린 가난뱅이들아,

머리를 가릴 집도 없이 허기진 배를 안고

구멍이 숭숭 난 누더기를 걸친 채로

이렇게 모진 시절을 어떻게 견디느냐? (3막 4장 29-33)

그러나 이렇게 묻는 중에도 리어 왕은 백성의 고통을 덜어주기 위해서 자신이 무엇인가를 하기에는 너무 늦었음을 알고 있다. "아, 내가 이런 것에 너무 무심했구나!(3막 4장 33-34)". 그리고 지금 드는 생각—부자들이 남아도는 부를 불쌍한 사람들에게 나누어줄 수 있으려면 그들의 처지를 직접 겪어보아야 한다는 생각—이 그가 다스려온 나라의 새로운 경제 계획에 반영될 가능성은 희박하다.

리어 왕의 비극적인 결심들을 촉발한 이 추하고 괴이한 자기도취는 역경과 고난을 겪는 과정에서 사라지지 않고, 계속

해서 인식을 조직하는 원리로 남는다. 집도 없이 떠도는 걸인을 만날 때 그는 단지 이 사람도 자신과 똑같은 이유로 불행해졌다고 생각할 뿐이다. "너도 딸들에게 모든 것을 다 내어주었느냐? 그래서 이 꼴이 되었느냐?(3막 4장 47-48)" 걸인의 대답이 '그렇다'일 것이라고 확신한 리어 왕은 이 가엾은 자의 배은망덕한 딸들을 저주하기 시작한다. (변장한) 켄트 백작이 실수를 바로잡자―"저자에게는 딸이 없습니다"―리어 왕은 불같이 화를 낸다. "죽고 싶으냐, 이 반역자 놈아! 배은망덕한 딸이 없고서야 / 인간이 저렇게 깊은 나락으로 떨어질 수는 없다(3막 4장 66-68)." 이 무렵 리어 왕은 모든 것을 잃어버렸지만, 어떤 반대도 허용하지 않는 폭군의 마음을 여전히 가지고 있다. "죽고 싶으냐, 이 반역자 놈아!"

연극이 끝나갈 즈음에 부분적으로나마 멀쩡한 정신을 회복해서 자신의 어리석음을 인정하고 (부왕 편에서 싸우기 위해서 영국으로 돌아온) 코델리아에게 용서를 구할 때마저, 리어 왕은 애초에 재앙의 불씨였던 자기중심적 사고를 도통 버리지 못한다. 무자비한 에드먼드의 명에 따라 코델리아와 함께 갇히게 된 리어 왕은 언니들에게 데려가달라는 코델리아의 요청을 뒤엎는다. "아니, 아니, 아니야, 아니다(5막 3장 8)." 리어 왕은 왜 적어도 일말의 자비를 구해보기는 해야 한다는 생각을 하지 않을까? 이 감옥에서도 막내딸과 함께 결국에는 자신이 애초에 의도했던 바가 이루어지리라는 환상―통렬하고, 구제할 수 없으리만큼 비현실적이며, 지극히 이기적인 방식으로 이루고자 하는 환상—에 단단히 사로잡혀 있기 때문이다. 그것은 여생을 "코델리아의 다정한 품(1막 1장 121)"에 안기게 하는 것이다. "우리 둘만 새장에서 새처럼 노래를 부르자꾸나." 그가 코델리아에게 말한다.

그렇게 하루하루를 보내며
함께 기도하고, 노래하고, 옛날이야기를 하고,
황금빛 나비를 보며 웃고, 한심한 놈들이 전하는
궁중 소식을 듣고, 우리도 그놈들과 어울려서
누가 이기고 누가 졌는지,
누가 들어오고 누가 쫓겨났는지 얘기하자.
우리가 신의 첩자라도 된 듯
세상의 신비를 논해보자꾸나. (5막 3장 9–17)

설령 이것이 코델리아도 아름답다고 공감할 수 있는 환상일지라도, 현실적인 그녀는 그런 꿈이 실현되리라고는 생각하지 않는다. 감옥으로 끌려가 그곳에서 죽음이 거의 확실하다는 것을 알고부터 그녀의 침묵은 눈에 띄게, 고통스럽게 이어진다.

셰익스피어는 생애 말년에 쓴 희곡 『겨울 이야기』에서 적통 군주가 광기에 빠져들어 급기야 폭군처럼 행동한다는 주제로 돌아왔다. 시칠리아의 왕 레온테스의 경우, 광기를 촉발하는 요인은 노망이 아니라 갑자기 찾아온 망상이다. 출산이 가까워진 아내 헤르미오네가 바람을 피웠으며, 지금 그녀의 뱃속에서 자라고 있는 아이는 자신의 씨가 아니라고 확신하는 것이다. 그의 의심은 절친한 친구인 폴릭세네스에게로 향한다. 보헤미아의 왕 폴릭세네스는 9개월 전부터 시칠리아에 머물고 있다. 레온테스가 자신의 확신을 최고 고문인 카밀로에게 처음으로 털어놓자, 카밀로는 놀람과 두려움 속에 왕의 고집스러운 생각을 바로잡기 위해서 애를 쓴다. "전하, 그런 병적인 견해를 속히 치유하시옵소서." 그는 이렇게 간언하고, 재빨리 "정말 위험하기 때문입니다"라고 덧붙인다(『겨울 이야기』 1막 2장 296–298). 카밀로가 재차 이의를 제기하자 레온테스는 자신의 생각이 맞다고 주장하면서 크게 화를 낸다. "아니, 그렇다니까. 그대의 말은 거짓말이오, 거짓말. 그대는 거짓말을 하고 있소. 짐은 그대를 증오한다(1막 2장 299–300)." 질투에 사로잡힌 왕은 억지 주장을 되풀이할 뿐 어떤 증거도 제시하지 못한다.

폭군은 사실을 다루거나 증거를 제시할 필요가 없다. 자신이 죄를 적시하면 그것으로 충분하다고 생각한다. 만일 어떤 사람이 자신을 배신하고 있다거나, 비웃고 있다거나, 염탐하고 있다고 폭군이 말하면, 그것은 반드시 사실이어야 한다. 폭군에게 반대하는 사람은 누구든 거짓말쟁이이거나 바보 천치이다. 폭군이 세상에서 가장 싫어하는 것은 심지어 남에게 견해를 구하는 상황에서도 누군가의 독자적인 견해이다. 폭군이 정말 원하는 것은 충성으로, 그에게 충성은 진실성이나 명예 또는 책임을 의미하지 않는다. 폭군에게 충성은 그의 견해를 망설이지 않고 즉시 승인하는 것, 그의 명령을 주저하지 않고 즉시 수행하는 마음가짐이다. 독재와 망상과 자아도취에 빠진 통치자가 고분고분한 신하를 앉혀 놓고 충성을 요구할 때 국가는 위험해진다.

그런 이유로, 카밀로가 레온테스의 비정상적인 의심에 동조하지 않자 레온테스는 카밀로를 부정직하고 비겁하고 태만하다고 질책한다. 또한 카밀로를 "못된 놈, 돌대가리 노예 혹은 눈치만 살피는 기회주의자(1막 2장 301-302)"라고 꾸짖는 것으로는 성에 차지 않아서 자신의 고문에게 절대적인 충성을 증명하라고 요구한다. 레온테스의 생각에 그렇게 할 수 있는 완벽한 방법이 하나 있다. 그는 카밀로에게 폴릭세네스를 독살하라고 명령한다.

지금 폴릭세네스는 심각한 위기에 처했으며, 본인도 그 점을 알고 있다. 그의 주군은 미친 데다가 극도로 위험하다. 정직하게 설득해서 단념시키려고 할 때마다 그의 화를 돋우기만 한다. 카밀로는 왕의 명령을 따르지 않으면 자신이 먼저 죽게 된다는 것을 알고 있다. 그는 잠시 명령을 수행하는 쪽을 고려해 본다. "이 일을 실행하면 승진이 따르겠지." 카밀로는 기회주의적인 망나니가 아니라 품위 있는 사람이며, 애초에 왕에게 이의를 제기한 것도 그런 이유에서이다. 동시에 그는 순교자가 될 생각이 전혀 없다. 그렇다면 그에게는 선택지가 하나뿐이다. 그는 폴릭세네스에게 경고를 하고, 그날 밤 두 사람은 보헤미아 왕의 공식 방문에 수행자로 따라온 자들과 함께 황급히 시칠리아를 탈출한다.

탈출은 필사적인 선택지이다. 뒤를 돌아볼 여지가 없고, 누구에게도 알릴 수도 없다. 왕의 최고 고문으로서 카밀로는 성문을 열라고 명령할 권한이 있으며, 항구에서는 이미 폴릭세네스의 배들이 그를 기다리고 있다. 카밀로는 필시 전 재산을 버려야 하고 그와 더불어 오랫동안 보유해온 총신의 자리도 포기해야겠지만, 걱정해야 할 가족은 없으며 앞으로는 방금 그에게 목숨을 빚진 통치자가 그를 보호하고 지원할 것이다. 이 위급한 순간에 중요한 것은 카밀로의 표현을 빌리자면 "한시라도 빨리" 폭군의 영토를 벗어나는 것이다.

그러나 불쌍한 헤르미오네는 그렇게 할 수 없다. 남편이 폭발하기 전까지 그녀는 그가 점점 더 의심과 분노를 키우면서 그녀를 감시하고 있다는 낌새를 느끼지도 못한다. 힘든 출산을 기다리며 그녀는 어린 아들인 마밀리우스를 보살피고, 친구인 폴리나와 잡담을 하고, 우아한 여주인의 모습으로 남편의 절친한 친구를 접대한다. 그녀는 폴릭세네스가 시칠리아에 더 오래 체류하도록 설득했지만, 사실 그것은 남편의 간곡한 요청 때문이었다. 그러나 그런 결과를 만들어낸 그녀의 모든 상냥한

위대한 자들의 광기　　　　165

표현을 망상에 빠진 레온테스는 부정의 증거로 해석했다. 카밀로가 그의 우려를 잠재우려고 할 때 그는 발끈하며 이렇게 말한다.

소곤거리는 것이 아무것도 아니라고?
그렇다면 뺨이 닿도록 머리를 기울이는 것은?
코를 문지르는 것은? 입을 맞추며 혀를 대는 것은?
숨이 넘어가도록 웃는 것은, 부정직하다는 확실한 조짐 아닌가?
식탁 밑에서 다리를 건드리는 것은?
모퉁이에 살금살금 숨는 것은? (1막 2장 284-289)

이 중에 얼마나 사실인지는 중요하지 않다. 마음속으로 아내를 부정한 여자로 낙인찍기 위해서는 본인이 보았다고 생각하는 것이면 충분하다.

폴릭세네스와 카밀로가 도망치자 의심은 확신으로 변하고 그동안 속고 있었다는 생각이 강하게 든다. 그토록 신뢰했던 카밀로가 폴릭세네스와 공모해서 "뚜쟁이 노릇"을 했다는 것이 불현듯 명백한 사실로 다가온다. 그는 "나의 목숨을 노린 음모"가 있다고 결론짓고, 대처 방안으로 아내를 붙잡아 옥에 가두라고 명령한다. 레온테스는 충격에 빠진 신하들에게 "아내가 간통을 했기 때문"이라고 말한다. 카밀로가 그랬듯이 처음에 신하들은 반론을 제기하면서 "어떤 사기꾼"의 사악한 중상이라면 "그런 자는 반드시 처벌해야 한다(2막 1장 142-143)"고 주장한다. 한 신하는 읍소하고, 다른 신하는 경고한다. "전하, 간청하노니, 왕비님을 돌아오게 하소서." "전하께서 어떤 행동을 하고 계시는지 돌아보소서. 그렇지 않으면 전하의 정의는 폭력이 됩니다(2막 1장 127-129)."

레온테스는 그저 귓등으로 듣는다. "그대들은 죽은 사람의 코를 가진 듯 냄새를 맡지 못하는구려(2막 1장 152-153)." 레온테스는 그들이 목격한 것에는 관심이 없고 동의를 요구하지도 않는다. "무엇 때문에 / 그대들의 의견이 필요하겠는가? / 굳건한 나의 의지에 따라 / 행동할 수 있는데?(2막 1장 162-164)" 그가 다른 것은 필요 없고 자기 의지에만 따르겠다는 것은 하고 싶은 대로 하겠다는 것을 의미한다.

그대들의 충고는 더 이상 필요치 않다. 그 문제,
손실과 이득, 위험 감수는
모두 짐의 몫이다. (2막 1장 169-171)

물론 신하들의 관점에서 그 "문제"—통치자의 목숨을 노린 역모죄, 왕실 최고 고문의 도주, 왕비의 수감—는 레온테스만의 문제가 아니다. 그러나 폭군 특유의 방식으로 그는 온 나라를 손에 쥐고 흔든다. 그가 한 유일한 양보—그의 표현을 빌리자면 "다른 이들의 생각에 (맡기는 것)"—는 "신성한 델포이의 아폴로 신전에" 사절을 보내 신탁을 구하는 것이다. 다른 문제라면 침묵했을 신하들이 이 일에는 찬성한다.

『리어 왕』에서 여성—독재자의 막내딸—이 부왕의 위압적인 요구를 사람들 앞에서 확고하게 거부하듯이, 『겨울 이야기』에서도 폭군의 뜻에 가장 강하게 맞서는 인물은 여성이다. 주된 도전자는 레온테스의 억울한 아내 헤르미오네—그녀는 용감하고 유창하게 자기 자신을 변호하기는 하지만—가 아니라 헤르미오네의 친구 폴리나이다. 옥에 갇힌 왕비를 찾아가 왕이 제정신을 차릴 수도 있으니 방금 태어난 아기를 그에게 보여주라고 제안한 사람도 폴리나이다. 당연히 교도관은 허가증도 없이 아기를 감옥 밖으로 내보내면 자기가 위험해질 수 있다고 걱정한다. 그러자 폴리나는 열심히 교도관을 설득한다.

걱정할 것 없습니다.
아기는 뱃속에 갇혀 있었지만
자연의 법칙에 따라 풀려났지요.
국왕께서도 아기에게는 죄를 묻지 않으셨어요.
왕비님이 어떤 일을 벌이셨다고 해도
아기에게는 책임이 없습니다. (2막 2장 59–64)

이 짧고 인상적인 순간을 통해서 우리는 지도자가 걱정스러운 행동을 할 때 모든 정권을 규정하는 동시에 특별히 중요해지는 독특한 독재 구조를 엿볼 수 있다. 절차상의 문제가 있다면 고위 인사—폴리나는 왕의 고문인 안티고누스의 귀족 아내인 만큼 지위가 매우 높다—가 나서서 책임을 지는 것이다. 그녀가 교도관에게 말한다. "걱정하지 마세요. 내가 / 당신과 위험 사이에 서겠습니다(2막 2장 66–67)."

곧 밝혀지듯이 걱정할 이유는 충분하다. 폭군은 잠을 못 이룬다. "밤도 없고, 낮도 없고, 휴식도 없구나(2막 3장 1)." 헤르미오네를 옥에 가둔 여파로 아들 마밀리우스가 병에 걸렸는데, 레온테스는 어린 아들을 걱정하는 것 외에도 끊임없이 복수를 생각한다. 폴릭세네스와 카밀로는 그의 힘이 미치지 않는 곳, 그의 표현을 빌리자면 "어떤 음모도 닿지 않는" 곳에 있지만, "간통한 여자"는 여기, 그의 손아귀에 있다(2막 3장 7–8). 그는 험악한 생각에 잠긴다. "만일 그녀가 / 불구덩이에서 죽는다면(2막 3장 7)" 잠깐이라도 잠이 들 정도로는 회복될지 모른다.

폴리나가 아기를 안고 왔을 때 영주들이 레온테스를 알현하는 자리에 그녀가 들어올 수 없다고 말하는 것도 놀랄 일이 아니다. 그러나 그녀는 조용히 물러나기는커녕 그들에게 도와달라고 강하게 호소한다. "왕비님의 목숨보다 / 이 미친 폭군의 집착이 더 두려우십니까?(2막 3장 27–28)" 영주들은 그가 잠을 이루지 못한다고 설명하지만, 그녀는 "저는 전하께 잠을 가져다드리기 위해서 온 것입니다"라고 응수하며, 그들이 사실상 그의 정신이상을 부추겼다고 질책한다.

위대한 자들의 광기   169

폐하의 망상과 환상을 부추기고

잠을 이루지 못하게 한 것은 바로

여러분 같은 줏대 없는 사람들입니다. (2막 3장 33-36)

그녀는 매우 대담한 방법—국왕이 자신의 자식이 아니라고 열렬히 믿는 아기를 그의 품에 억지로 안겨서 그의 광기를 가라앉혀보자는 계획—을 실행한다. 그러나 이 방법은 실패하고 레온테스의 화만 돋운다. 왕은 이 "사생아"를 태워버리라고 명령하고, 폴리나를 노려보면서 그녀도 태워버리겠다고 위협한다. 두려움을 모르는 그녀는 "상관없습니다"라고 대답한 뒤 셰익스피어의 전작을 통틀어 가장 멋진 구절을 덧붙인다.

그리된다면 이단자는 불에 타는 여자가 아니라

불을 붙이는 자일 것입니다. (2막 3장 114-115)

폭정의 효과로 전체적인 권력 구조가 뒤집힌다. 적법성이 더이상 국가의 중심에 존재하지 않고, 그 대신 폭력의 희생자에게 주어진다.

폴리나는 이미 왕의 "폭력적 집착"을 언급했으며, 그의 면전에 대고 "전하는 미치셨습니다"라고 단호히 말했다. 그러나 폭군을 직접 공격하는 것이 부담스러운지 한발 물러선다. "저는 전하를 폭군이라고 칭하지 않을 것입니다." 그녀가 말한다.

170

하지만 본인의 근거 없는 망상에만 기대어

왕비님께 내리신 이 잔인한 처분은

폭군의 냄새를 물씬 풍깁니다. (2막 3장 115-118)

레온테스는 이 말을 흘려듣지 않는다. 그가 신하들에게 말한다. "만일 내가 폭군이라면 저 여자는 지금까지 살아 있겠는가? 또한 저 여자가 나를 폭군이라고 진정 생각한다면 / 감히 나를 폭군이라고 부르지도 못할 것 아니겠느냐?(2막 3장 121-123)" 폴리나의 탄원에는 전략이 숨어 있었을 것이다. 본인이 그렇게 말했으니 레온테스는 그녀를 불태우라고 명령할 수 없다. 단지 밖으로 끌어내라는 명령만 내릴 뿐이다.

폴리나는 목숨을 건졌지만, 레온테스의 광기와 폭력적인 충동은 가라앉지 않는다. 폴리나가 아기를 안고 그에게 올 수 있었던 데에는 그녀의 남편 안티고누스의 계략이 있었으리라는 의심에 레온테스는 이 신하에게 반역죄를 묻는다. 반역자가 아니라는 것을 입증하기 위해서 안티고누스는 아기를 죽여야만 한다. "즉시 거행하라." 레온테스가 그에게 명령한다.

그리고 한 시간 이내에 돌아와

실행 결과를 고하라.

허투루 처리했다가 밝혀진다면

그대와 그대의 가족을 몰살하겠다. (2막 3장 134-137)

위대한 자들의 광기

법적 절차도, 문명 세계의 규범에 대한 존중도, 체면도 찾아볼 수가 없다. 의심과 확신이 구분되지 않는 사회에서 충성을 증명하는 방법은 폭군의 살인적인 명령을 수행하는 것뿐이다.

그러나 시칠리아에는 도덕적 판단력이 아직 남아 있다. 레온테스의 폭정은 이유를 알 수 없는 갑작스러운 광기의 결과이며, 얼마 전까지만 해도 그는 광대 같은 무뢰한이 아니라 존경받는 완전히 정당한 통치자였다. 따라서 카밀로와 폴리나를 보면 알 수 있듯이 그의 주변에는 기회주의자가 아니라 솔직한 의사 표현에 익숙한 점잖은 사람들이 있다. 그들은 충격과 두려움 속에서도—레온테스는 "하나같이 거짓말쟁이 아닌가!(2막 3장 145)"라며 불같이 화를 낸다—끝내 침묵으로 도피하지 않는다. "저희는 언제나 전하를 진심으로 섬겨왔습니다. / 간청하오니, 저희의 생각을 들어주시옵소서(2막 3장 147-148)." 한 신하가 이렇게 말하며, 갓 태어난 아이를 불구덩이에 던지라는 명령을 거두라고 왕에게 간청한다. 레온테스는 마지못해 동의하지만, 성큼 물러서지는 않고 아기를 비바람 치는 황야에 버리라고 안티고누스에게 명령한다.

그후로는 복잡한 로맨스 소설이 펼쳐지면서, 왕이 바꾼 명령이 중요한 결과로 이어진다. 안티고누스가 죽고("곰에게 쫓기다가 퇴장[3막 3장 57]"), 최종적으로는 16년 후에 레온테스의 딸 페르디타가 거의 기적적으로 부활하는 것이다. 그러나 신하들의 간청에 레온테스가 아기를 죽이라는 명령을 약간 수정하는

172

순간에 그의 행동이나 의도가 크게 변한 것은 아니었다. 여기에는 다음과 같은 의미가 있다. 일단 나라가 불안정하고 충동적이고 앙심을 품은 폭군의 손에 들어갔을 때에는 평범하고 온건한 수단으로 해결할 수 있는 문제가 거의 없다. 현명한 충고도 먹히지 않고, 위엄 있는 항변도 무시당하고, 목소리 높여 항의하면 상황만 악화된다.

그를 배신한 것이 분명한 아내에게 복수를 하기로 결심한 레온테스는 헤르미오네를 대역죄로 재판에 회부한다. 그는 죄인을 출두시키며 선언한다. "이 과정에서 전제적인 성격을 배제하겠노라. / 정의로운 절차에 따른 / 공개 재판을 진행할 것이다(3막 2장 4-6)." 대민 홍보의 관점에서 보자면 절친한 친구에게 쓰려고 했던 독살보다는 공개 재판이 나은 듯할 수도 있지만, 셰익스피어의 세계에서는 가능한 결과가 하나뿐이라는 것을 모든 사람이 완벽히 알고 있다. 통치자는 제도를 지배하여 가장 엉뚱하고 무모한 주장에 진실의 도장을 찍게 했다. 이 재판은 헨리 8세, 혹은 우리 시대로는 스탈린의 방식과 비슷한 여론 조작용 쇼에 불과하다.

그럼에도 작지만 의미 있는 차이가 있다. 『겨울 이야기』에서 반역죄로 기소된 사람은 없는 죄를 자백할 정도로 정신이 무너지지 않는다. 오히려 헤르미오네는 위엄과 강철 같은 품위를 유지하고서 폭군의 "정의"가 무엇인지 폭로한다.

지금 내가 할 수 있는 말은 나에 대한 기소를 거부한다는

것뿐이며 나에게 유리한 증언은 그 누구도 아닌

나 자신의 입에서만 나올 것입니다.

하여, 내가 "무죄"라고 말해도 아무런 가치가 없을 것입니다.

여러분은 이미 내가 거짓말을 한다고 결론을 내렸으니까요.

(3막 2장 20-24)

그럼에도 헤르미오네는 자신의 신념을 공언한다. "신이 언제나처럼 / 우리를 굽어보고 계신다면 / 그릇된 재판은 / 얼굴을 붉힐 것이고 폭정은 / 인내 앞에서 몸을 떨 것입니다(3막 2장 26-30)."

폭정이 인내 앞에서 몸을 떤다는 것은 무슨 뜻일까? 저항의 방법으로, 부당한 공격에 공격으로 맞대응하는 것이 아니라—어쨌든 헤르미오네는 그럴 처지에 있지 않다—인내하고 기다리는 것, 즉 본인의 명예 회복과 압제자의 도덕적 각성을 기다리는 것이 있다. 레온테스는 망상과 독단적인 분노에 사로잡혀 그 힘 앞에서 몸을 떨기는커녕 그것을 감지조차 하지 못한다. 그가 아내에게 죄를 추궁하면서 망상을 키워나가자 헤르미오네는 합리적 이해를 포기한다. "전하께서는 이해할 수 없는 언어로 말하시는군요. 제 삶이 전하의 꿈속에서 만들어지고 있는 듯하니, 제가 가진 목숨을 내려놓겠습니다(3막 2장 78-79)." 이때 레온테스의 대답이 우연히 문제의 핵심을 건드린다. "그대

의 행동은 나의 꿈이다(3막 2장 80)." 폭군이 사기나 배신 또는
역모가 있다고 상상하면, 사기나 배신 또는 역모가 생겨난다.

결국 유아론적이고 자기변명으로 일관하는 환상을 깨뜨리기
는 거의 불가능하다. 대사들이 봉인된 신탁을 들고 아폴로 신
전에서 돌아온다. 법정에서 봉인을 뜯고 신탁을 낭독하는데 보
통과는 달리 조금도 애매하지 않다.

"헤르미오네는 정결하고, 폴릭세네스는 나무랄 데 없으며,

카밀로는 진실한 신하이고, 레온테스는 질투하는 폭군이다.

그의 순결한 아기는 진실하게 태어났다.

그러하니 왕이 잃어버린 아기를 찾지 않는다면 살아서 후계자를

세우지 못할 것이다." (3막 2장 130–133)

그러나 질투하는 폭군은 여전히 고집스러운 생각에 사로잡
혀 의심을 풀지 않는다. "이 신탁은 전혀 진실하지 않다." 왕은
완고하게 선언한 뒤 재판을 속행하라고 명령한다.

아들 마밀리우스가 어머니의 운명을 극심히 걱정하고 비통
해하다가 숨을 거두었다는 전갈을 들은 뒤에야 비로소 레온테
스는 충격에 휩싸여 회오리 같던 광기에서 벗어난다. 아들의
죽음은 아폴론이 그의 부당함에 격노했다는 무시무시한 징표
라고 여기고서 레온테스는 자신이 야기한 피해를 일부분이라
도 바로잡고자 즉시 결단을 내린다. "짐은 폴릭세네스와 화해

하고, / 짐의 왕비를 다시 데려오겠노라. 또한 선량한 카밀로를 기억하겠노라(3막 2장 152−153)." 그러나 쉽지 않다. 헤르미오네는 아들이 죽었다는 소식에 쓰러졌고, 미친 폴리나는 들어오자마자 격렬한 말을 쏟아낸다. 일전에 폴리나는 애써 독설을 삼가고 이렇게 말했다. "저는 전하를 폭군이라고 칭하지 않을 것입니다." 이제 그녀는 자제력을 다 내려놓고 레온테스에게 신랄하게 묻는다. "폭군이시여, 나에게 어떤 고통을 주려고 하시나이까?(3막 2장 172)" 그러고는 폭정과 질투심에 눈이 먼 그가 카밀로를 매수해 폴릭세네스를 살해하려고 했을 뿐 아니라 갓 태어난 딸을 소들이 풀을 뜯는 벌판에 내던지고, 그의 아들마저 죽음에 이르게 했다고 말한다. 이제 폭정과 질투심의 가장 훌륭한 결과로 그의 아내를 죽게 했다.

신하들은 폴리나의 잔인하고도 솔직한 고발에 소스라치게 놀란다. 그러나 그 충격으로 레온테스는 새로운 통치자가 되고 다른 사람으로 태어난다. 그는 진실을 기꺼이 받아들이고 자신이 저지른 끔찍한 파괴 행위를 인정한다. 이 극에서 레온테스는 리어 왕처럼 왕좌에서 쫓겨나 자신이 다스리던 왕국에서 집도 절도 없이 떠도는 불쌍한 사람으로 그려지지 않는다. 그는 시칠리아 왕국을 계속 통치하지만, 내면으로는 참회와 자책의 긴 여정을 떠난다. 이야기가 다시 시작하는 시점은 16년이라는 세월이 흐른 후이다(시간이라는 존재가 무대에 등장해서 긴 휴식 시간을 거치는 동안 관객이 잠이 들었다고 생각하게끔 유도한다).

그러는 중에도 레온테스는 마음 깊이 참회에 빠져 있다. 신하들은 이제 그만 자신을 용서하고 재혼을 해서 후계자에게 왕위를 물려주라고 강하게 설득한다. 그러나 사실상 그의 심리 치료사 역할을 하는 폴리나는 그가 한 일을 똑바로 보고 평생 독신으로 살라고 다그친다. 폴리나가 그에게 말한다.

이 세상 모든 것에서 좋은 점을 뽑아
완벽한 여인을 만든다고 해도
전하가 죽인 여인과 비교할 수 없겠지요. (5막 1장 13–16)

"죽였다고? / 내가 아내를?" 레온테스가 되묻는다. 그리고 인정한다. "내가 그랬지. 허나 그대가 그 말을 할 때마다 가슴이 찢어지는구나(5막 1장 16–18)." 그는 폴리나가 동의하지 않으면 절대로 재혼하지 않겠다고 약속한다.

『겨울 이야기』 끝에서 왕은 오래 전에 잃어버린 딸과 재회하고, 화려한 극적 반전을 통해서 죽었다고 믿었던 아내와도 재회한다. 폴리나의 화랑 한쪽에 있는 비밀스러운 공간에서 레온테스는 조각품 하나를 보게 되고 그것이 헤르미오네의 조각상이라는 설명을 듣는다. 그때 기적과도 같이 조각상이 생명력을 띠고 대좌에서 걸어 내려와 남편과 딸을 껴안는다. 그러나 어떤 것도 폭정의 역사를 완전히 씻길 수 없고, 어떤 것도 고독과 불행 속에서 보낸 16년을 되돌리지 못하고, 어떤 것도 우애, 신

위대한 자들의 광기   177

뢰, 사랑의 달콤한 순수함을 복구하지 못한다. 아내의 조각상을 보고 놀랄 때 그의 눈은 먼저 늙어버린 그녀의 모습을 더듬는다. "헤르미오네는 저렇게 주름이 많지 않았어 / 이렇게 늙어보이지 않았어(5막 3장 28-29)." 폭정으로 잃어버린 세월을 건너뛰면 새로운 삶이 시작될 수는 있지만, 그 삶은 예전과 똑같을 수 없다. 이 연극에서 폭정이 회복할 수 없게 망가뜨린 모든 것을 가장 통렬하게 상징하는 인물은 슬픔에 빠져 숨을 거둔 어린 소년 마밀리우스이다. 그는 행복한 재회의 설렘 속에서 마술처럼 부활하지 않는다.

그러나 셰익스피어의 다른 어떤 연극보다도 『겨울 이야기』는 두 번째 기회의 꿈을 관대히 허락한다. 재앙의 여진 속에서 이 회복을 가능하게 하는 사건은 극작가가 대담하게 제시하는 믿을 수 없는 환상, 즉 폭군이 전적으로 거짓 없이 진실하게 참회한다는 것이다. 이러한 내적 변화가 얼마나 가능한지 상상해보자. 조각상이 생명을 얻는 기적 못지않게 어려울 것이다.

9

몰락과 재기

『겨울 이야기』의 행복한 결말은 현실적인 예상을 의도적으로
또 장난스럽게 위반하는 로맨스라는 문학 장르와 일치한다.
셰익스피어와 관객은 불안정한 폭군이 기적처럼 속죄하는 경
우가 역사 기록에 거의 없다는 것을 완벽히 잘 알고 있었다. 이
장르의 매력은 급변하는 줄거리 그리고 놀라운 재회, 화해, 용
서로 치닫는 구조를 통해서 침울한 인식으로부터 탈출하는 데
에 있다. 연극이 끝날 때 관찰자로 등장한 인물은 이렇게 말한
다. "마지막에 경이로운 일들이 그렇게 많이 일어나다니. 발라
드 작가도 이렇게 표현하지는 못할 걸세(『겨울 이야기』 5막 2장
21-23)."

그러나 셰익스피어는 폭정에서 비롯되는 딜레마를 오직 환
상으로 해결하는 방식에만 몰두한 것은 아니었다. 그와 반대

로 『겨울 이야기』는 그의 경력 대부분을 사로잡은 현실주의적 사고에서 잠깐 벗어난 보기 드문 일탈이었으며, 그의 사고는 악몽을 끝낼 수 있는 다양한 방식으로 복귀했다. 작가가 생각하기에 폭군에게는 항상, 반드시 강한 적이 있다. 폭군은 그들 중 몇 명을 쓰러뜨리거나 살해할 수 있고, 자신의 의지에 굴복시켜서 맥베스가 말한 그 "빈말"을 하도록 강요할 수 있다. 매시간 첩자를 시켜 주변에서 수군거리는 모든 말을 비밀리에 들을 수도 있다. 또한 추종자들에게 상을 주고, 군대를 소집하고, 헤아릴 수 없이 많은 업적을 축하하는 공식 행사를 끝없이 열수도 있다. 그러나 제아무리 폭군이라고 해도 자신을 미워하는 모든 사람을 죽일 수는 없다. 결국 거의 모든 사람이 그를 미워하게 되기 때문이다.

폭군의 그물이 아무리 촘촘할지라도 누군가는 항상 틈새로 빠져나가 안전하게 피신한다. 로마의 장군 티투스 안드로니쿠스는 25명의 아들 중 유일한 생존자 루키우스에게 "이곳을 떠나야 한다"고 말한다. 폭군 사투르니누스가 방금 루키우스의 남은 두 형제를 살해했고, 그의 묵인하에 루키우스의 누이마저 강간당하고 시신이 훼손되었다. 루키우스는 고트족의 땅으로 피신한다. 그리고 그곳에서 군대를 일으키고 로마로 돌아와 폭군을 죽이고 권력을 빼앗는다. 마지막으로 루키우스는 이렇게 선언한다. "고맙소, 로마인들이여. 앞으로 로마의 상처와 고통이 치유될 수 있도록 자비롭게 통치하겠소." 마찬가지로 『리처

드 3세』에서 엘리자베스 왕비는 아들 도싯에게 "가거라, 바다
를 건너 / 리치먼드 백작 곁에서 (브리타니에서) 살거라"라고 말
한다. 왕비는 애원한다. "서둘러라, 서둘러. 이 도살장에서 빠
져나가거라(『리처드 3세』 4막 1장 41-43)." 그의 형제, 삼촌, 두
명의 이복형제가 폭군에게 살해당하고 그들과 함께 수많은 사
람이 목숨을 잃었지만, 도싯은 무사히 리치먼드 백작을 만나
고, 그와 함께 군대를 이끌고 돌아와 가증스러운 폭군을 쓰러
뜨린다. 이 연극의 막바지에서도 승자는 국가의 상처를 치유하
겠다고 맹세하며 다음과 같이 기도한다. "신이 원하신다면 / 그
들의 후손이 평화와 풍요의 미소로 / 아름답고 순조로운 나날
로 미래를 풍요롭게 하기를 바라나이다(5막 5장 32-34)."

마찬가지로 『맥베스』에서도 살해된 왕의 두 아들이 그들 앞
에 닥친 위험을 깨닫는다. 지금은 그들을 맞이한 맥베스 부부
에게 의례적인 감사를 표할 순간이 아니다. 한 사람이 형제에
게 속삭인다. "은밀한 곳에서 언제 시퍼런 칼이 들이닥칠지 모
르는데 / 뭐라고 말해야 하지? 도망쳐야 해. 눈물을 보일 때가
아니야." 다른 형제가 동의한다. "그러니 어서 말을 타자. / 예
를 차려 (부친에게) 작별 인사하는 것은 지금 사치야(『맥베스』 2
막 3장 118-119, 140-141)." 두 아들은 몰래 달아나 존속 살해
라는 엉터리 죄목을 피하고 폭군이 쓰러질 때까지 살아남는다.
그렇지만 이 연극은 『티투스 안드로니쿠스』나 『리처드 3세』보
다 더 음울한 음조로 끝이 난다. 새로 즉위한 스코틀랜드의 왕

맬컴은 "조심스러운 폭군의 덫을 피해 / 해외로 망명한 우리 동지들"을 국내로 불러들이고자 하며, "이 죽은 백정의 잔인한 대신들과 / 악마같이 잔인한 왕비(5막 7장 96-99)"를 언급하는데, 이는 아마도 재판을 염두에 둔 듯하다. 응보가 따를 것이다.

폭군의 영역을 벗어나 도망쳐라, 국경을 넘어라, 다른 망명자들과 함께 군대를 일으켜라, 그리고 침략군을 이끌고 돌아와라. 이것이 기본 전략인데 단지 문학 속의 전략만은 아니다. 나치 독일, 비시 프랑스(제2차 세계대전 당시 연합군이 파리를 해방시킬 때까지 페탱 원수가 이끈 프랑스 괴뢰 정권/역주), 그리고 그 밖의 여러 곳에서 저항군은 이 전략을 유용하게 썼다. 셰익스피어도 알고 있었듯이, 이 전략에는 위험이 따른다. 맥베스의 조력자인 버킹엄 공작이 그랬듯이 계획이 틀어져서 도망은커녕 처형될 수도 있다. 동지들과 가족이 고통을 당할 수도 있다. 폭군은 사랑하는 사람을 인질로 삼을 수도 있다. 예를 들면, 리처드 3세는 스탠리 경의 아들을 붙잡아 놓고 그의 충성을 확인하고자 했다. "그대의 충성이 계속 굳건하기를 바라오. 그렇지 않으면 얼마든지 아이의 목을 칠 수 있소(『리처드 3세』 4막 4장 495-496)." 맥더프의 경우처럼(맥더프가 잉글랜드로 달아나자 맥베스는 그의 아내와 아이들을 죽이라고 명령한다/역주) 폭군의 망치가 뒤에 남은 무고한 가족을 내리칠 수도 있다.

이 저항 전략의 값비싼 대가를 『리어 왕』은 가장 설득력 있게 묘사한다. 노망이 난 부친이 퇴위하기 전에 상속권을 박탈했음

182

에도 코델리아는 사악한 두 언니, 고너릴과 리건으로부터 부친을 구하겠다고 결심한다. 두 언니는 각자의 남편과 함께 나라를 통치하고 이제는 노인의 목숨까지 노린다. 프랑스 왕과 결혼하여 프랑스 군대를 이끌고 영국으로 돌아온 코델리아는 자신의 동기가 이타심이라고 선언한다. "우리가 영국에 들어온 것은 허황한 야심 때문이 아니라 / 사랑하는 아버님, 연로한 아버님의 권리를 되찾기 위해서입니다(『리어 왕』 4막 4장 25-26)." 그녀의 군대는 왕국의 주요 인물들과 비밀리에 접촉해왔다. 그들은 고너릴과 리건이 노왕을 가혹하게 다루는 것에 충격을 받았고, 그들의 남편들인 선량하지만 허약한 올버니 공작과 이루 말할 수 없이 잔인한 콘월 공작 사이에 긴장이 감도는 것을 주시하고 있다. 존엄을 회복할 무대, 리치먼드 백작이 리처드를 물리치고 맬컴이 맥베스를 물리친 것과 같은 승리의 무대가 마련될 것처럼 보인다.

그러나 그런 일은 일어나지 않는다. 대신에 모든 예상을 깨고 사악한 언니들의 군대가 승리를 차지한다. 코델리아와 그녀의 군대는 패배한다. 적에게 잡힌 코델리아와 부친은 옥에 갇히고, 영국군을 승리로 이끈 에드먼드 장군은 그녀를 죽이라고 은밀히 명령한다. 올버니 공작은 무능력하며 리건의 남편인 콘월 공작은 이미 죽은 사람인지라, 에드먼드는 왕국을 독차지할 기회를 잡는다. 글로스터 백작의 서자인 그는 적통이 아니다. 그러나 그의 핏줄에는 폭군의 여러 자질이 들어차 있다. 에드먼드는 대담하고 독창적이고 비열하고 위선적이고 무자비하기 이를 데 없다. 그가 그 자리에 오를 수 있었던 것은 먼저 음모를 꾸며 적자인 형 에드거를 유형 보내고 다음으로 자신의 부친을 배신한 덕분이었다. 사악한 두 언니가 자신에게 푹 빠지자 그는 우쭐해하면서 선택을 고민한다. "어느 쪽이 좋을까? / 둘 다? 하나만? 아니면 둘 다 그만둘까?(『리어 왕』 5막 1장 47-48)"

모든 사료를 검토해볼 때 전쟁에서 승리하고 왕좌에 오르는 사람은 고결한 코델리아지만, 셰익스피어의 작품에서 그녀는 놀랍게도 감옥에서 살해당한다. 코델리아는 정직과 품위를 몸소 보여주었고, 왕국을 덮친 그 모든 잔인함과 불의로부터 구원받을 수 있다는 희망을 상징했다. 그녀의 죽음은 결코 완전히 치유되지 않을 상처를 남긴다. 그러나 적어도 악의 승리는 일시적이다. 리건은 질투심 많은 언니인 고너릴에게 독살당하고, 에드먼드는 자신이 사악한 음모를 꾸며 해치려고 했던 형제 에드거와의 결투에서 패배해 숨을 거둔다. 결국 이 연극에서 사악한 모든 자는 승리의 결실을 누리지 못하고 죽는다.

그러나 사악한 자들이 죽었다고 해서 코델리아의 죽음이나 그녀의 아버지가 겪은 말할 수 없는 슬픔이 지워지지는 않는다. 리어 왕은 코델리아에게 무슨 일이 일어났는지를 알고 비통해하며 숨을 거둔다.

가여운 우리 딸, 목이 졸려 죽다니.

정녕 생명이 끊어진 것이냐?

개도 말도 쥐에게도 생명이 있는데

너는 왜 숨을 쉬지 않는 게냐? 이제 영영

애비 곁으로 돌아오지 못하겠구나! (5막 3장 281-284)

셰익스피어는 이 작품의 다른 어떤 부분보다 이 장면에서 폭정이 남긴 돌이킬 수 없는 손실을 통렬하고 절박하게 강조한다. 『리처드 3세』에는 리치먼드 백작의 당당한 선언, "우리가 승리했다. 피에 물든 개는 죽었노라(5막 5장 2)"가 있고 『맥베스』에는 맥더프의 외침, "보십시오, 왕위 강탈자의 저주받은 머리를. 자유의 시대가 왔습니다(5막 7장 84-85)"가 있는 반면, 『리어 왕』에는 그에 견줄 만한 것이 없다. 『리어 왕』에서 전령이 "에드먼드 님이 돌아가셨습니다"라고 전할 때 올버니 공작은 "지금 그런 것은 중요하지 않아(5막 3장 271)"라고 답한다.

셰익스피어는 폭군이 오래 견딜 수 있다고 생각하지 않았다. 부상하는 폭군이 아무리 교활할지라도, 권좌에 오르면 의외로 무능력하다. 국정에 대한 전망이 없어서 지속적인 지지를 확보하지 못할 뿐 아니라 잔인하고 폭력적임에도 모든 반대파를 진압하지 못한다. 고립과 의심, 분노는 종종 오만한 과신과 결합하여 몰락을 재촉한다. 폭정을 묘사하는 연극은 불가피하게 공동체의 재건과 공정한 질서의 회복을 가리키며 끝이 난다.

그러나 『리어 왕』에서 셰익스피어는 "전반적인 비애"와 "갈가리 찢긴 나라"를 압도적으로 강조하느라 그러한 방향을 제시하기가 어려웠다. 깨진 조각을 그러모을 최적임자는 젊은 에드거이다. 이 연극의 마지막 대사 몇 줄은 초기 판본에서는 에드거에게 주어지고, 다른 판본에서는 품위 있는 편이지만 도덕적으로 타협한 올버니 공작에게 주어진다. 마치 이 두 배우가 대사 읊기 경쟁을 하거나, 작가인 셰익스피어가 어떻게 정리해야 할지 확신하지 못한 듯하다. 어쨌든 마지막 문장들은 흔히 예상할 수 있는 것과는 달리 정치적 통솔을 표명하는 것이 아니라, 시련을 겪은 왕국이 감당해야 할 정신적 트라우마를 표현한다.

이 슬픈 시대의 무게를 우리는 감내해야 합니다.
해야 할 말이 아니라 가슴으로 느끼는 바를 말해야 합니다.
가장 연로하신 분이 가장 많은 것을 겪으셨습니다.
우리 젊은이들은 그분이 본 만큼 보지 못할 테고
그만큼 오래 살지도 못할 것입니다. (5막 3장 299-302)

이 대사는 충격에 빠진 국민을 대변하는 자의 목소리이다. 『리처드 3세』에서 폭정에 반대하는 주요 세력은 리치먼드 백작을 중심으로 결집하고, 『맥베스』에서는 왕의 아들인 맬컴 곁에 모인다. 둘 다 종국에는 권력을 쥔다. 『리어 왕』에는 그에 비견할 인물이 없다. 대신―그리고 놀랍게도―도덕적인 용기는 사회적 지위가 한참 낮고 그 이름조차 알 수 없는 아주 미미한 인물을 통해서 잠깐 빛을 발한다. 그는 대단히 부유하고 권위 있는 인물들 곁에서 가사를 돌보는 하인인데, 그가 보기에 주변에서 돌아가는 꼴이 가관이다. 그의 주인이자 리건의 남편, 콘월 공작은 직접 심문을 한다. 리어 왕이 퇴위한 뒤 나라를 다스리는 두 명의 통치자 중의 한 사람인 콘월 공작은 코델리아가 이끄는 프랑스군이 리어 왕을 복위시키기 위해서 침공했다는 소식을 듣는다. 진군하는 코델리아의 군대가 노왕을 만나지 못하게 막는 일이 당장 시급한데, 콘월 공작은 이 성의 연로한 성주인 글로스터 백작이 침략군과 내통하고 있으며 리어 왕을 도버로 보냈다는 사실을 알게 된다.

글로스터 백작을 의자에 묶으라고 한 콘월 공작은 아내인 리건과 함께 그를 거칠게 심문하기 시작한다. "왜 도버로 보냈지?……무엇 때문이지?……무엇 때문에?(3막 7장 50-55)" 원하는 대답을 듣지 못하자 급기야 격노한 콘월 공작은 하인들에게 의자를 붙들라고 명한다. 그런 뒤 몸을 기울여 글로스터 백작의 한쪽 눈알을 파낸다. 여기에서 우리는 소스라치게 놀란다. 몇몇 관객은 기절하기도 한다. 그러나 곧바로 이어지는 장면은 반역자로 의심받으면 고문당한다는 사실을 아는 르네상스의 관객에게 더 큰 놀라움을 안겨주었을 것이다. 악마 같은 리건이 남편에게 나머지 한쪽 눈알도 파내라고 다그칠 때 갑

몰락과 재기   187

자기 남자의 목소리가 울린다. "나리, 제발 멈추십시오(3막 7장 72)." 셰익스피어는 이 예상치 못한 명령의 충격을 완화하기 위한 어떤 수단도 사용하지 않았다. 그 말은 글로스터 백작의 아들 중 하나가 한 것도 아니고, 구경하던 귀족이 한 것도, 변장한 신사가 한 것도, 심지어 글로스터 백작의 식솔 누군가가 한 것도 아니다. 그 말을 한 사람은 콘월 공작의 하인, 즉 오랫동안 그의 명령을 따르는 데에만 익숙한 사람이다. 그가 외친다. "저는 어릴 적부터 나리를 모셔왔습니다. 그러나 지금 나리를 말리는 것이 / 이제껏 나리 곁에서 해온 그 어떤 일보다 훌륭할 것입니다(3막 7장 73-75)."

『리어 왕』은 폭정이라는 주제를 이론적으로 다루지 않는다. 반면에 통치자를 섬기는 사람이 눈앞에서 벌어지는 일을 가로막으려고 하는 장면이 무대에서 펼쳐지다니, 그 누구도 잊을 수 없는 순간이다. 하인이 가로막자 리건이 격노한다. "이 개자식, 어떻게 감히?(3막 7장 75)" 콘월 공작은 검을 뽑아 들고 중세의 하인을 가리키는 말을 사용하는데, 리건이 내뱉은 것보다 못하지 않다. "내 밑에 있는 농노 자식이?(3막 7장 78)" 뒤이어 주인과 하인이 폭력적으로 충돌하고 결국 하인이 감히 그런 짓—"종놈이 대들어?"—을 한다는 데에 경악한 리건이 그를 칼로 찔러 죽인다.

그런 뒤 고문 장면이 이어진다. 콘월 공작이 글로스터 백작의 남은 눈알마저 도려낸다. 이 가증스러운 남편과 아내는 셰익스피어의 전작 중 가장 잔인한 명령을 내리며 장님이 된 사람을 그의 집에서 쫓아낸다. "지금 당장 이자를 성문 밖으로 밀어내라. 개처럼 냄새를 맡으면서 도버로 가게 하라(3막 7장 94-95)." 콘월 공작은 자신을 저지하려고 했던 하인의 시체도 처리한다. "이 종놈을 똥밭에 던져버려라(3막 7장 97-98)." 그러나 결국 하인의 죽음은 헛되지 않았다. 콘월 공작 자신도 부상을 당해 곧 죽는다. 눈이 먼 노인의 모습으로 유발된 사람들의 혐오감과 함께, 그의 죽음으로 고너릴, 리건, 에드먼드 일당은 확연히 약해진다.

셰익스피어는 보통 사람이 폭정의 방파제 역할을 할 수 있다고 믿지 않았다. 그가 생각하기에 평민은 선전 문구에 너무 쉽게 조종되거나 위협에 너무 쉽게 굴복하거나 하찮은 선물에 너무 쉽게 매수되는 탓에 자유를 지키는 든든한 세력은 되지 못한다. 셰익스피어의 폭군 일대기는 대부분 같은 지배 계층 내에서 불공정한 통치자에 반대하다가 결국 살인에 이르는 줄거리에 의존한다. 그러나 『리어 왕』에서 셰익스피어는 이름 없는 하인을 통해, 폭정에 반대하는 민중 저항의 정수를 보여주는 인물을 창조했다. 그 사람은 침묵하고 지켜보기를 거부한다. 그 대가로 목숨을 잃지만, 그럼에도 그는 인간의 품위를 상징한다. 비록 대사가 몇 줄밖에 되지 않는 극히 부차적인 인물이지만 셰익스피어의 위대한 영웅이다.

『리어 왕』의 결말을 장식하는 처참한 파국은 셰익스피어의 폭정 묘사에 두루 적용되는 두 가지 질문을 가장 극단적인 형태로 제기한다. 첫째, 어떻게 하면 기민하고 용감한 사람들이 폭군의 손아귀에서 빠져나와 맞서 싸울 수 있으며 더 나아가 애초에 폭군이 권력을 잡지 못하게 할 수 있을까? 둘째, 어떻게 하면 파국에 이르지 않도록 폭군을 저지할 수 있을까? 『리처드 3세』에서 증오에 사로잡혀 제정신이 아닌 마거릿 여왕은 복수의 여신처럼 에드워드 왕의 궁정을 돌아다니면서 그녀의 증오에서 면제된 버킹엄 공작에게 리처드를 조심하라고 경고한다.

> 오, 버킹엄. 저 개 리처드를 조심하세요!
> 꼬리를 칠 때 덥석 물고, 물었을 때에는 이빨에서 맹독이
> 나오거든요. 저놈과는 조금도 얽히지 마세요. 죄악과 죽음,
> 지옥이 영혼을 차지해서 악마를 종으로 부리는 자랍니다.
> (『리처드 3세』 1막 3장 288-293)

그러나 공작은 그녀의 경고를 무시하고 리처드의 즉위를 돕는 주요 조력자로 봉사한다. 결국 그도 리처드의 도끼에 찍혀 쓰러진다.

『리어 왕』에서 용감한 켄트 백작은 자신이 충직하게 모시는 왕에게 부디 광기를 멈추고 왕을 진심으로 사랑하는 유일한 딸을 더 이상 저주하지 말라고 과감히 설득한다. 그러나 리어

왕의 격노 앞에서 누구도 켄트 백작의 편을 들지 않는다. 켄트 백작은 추방되어 죽을 위기에 처한다. 켄트 백작은 주인을 계속 모시기 위해서 변장을 하지만, 비극적인 추락을 완전히 멈추지는 못한다. 그의 호전적인 대담성은 사악한 두 딸의 분노를 돋우기만 하고, 연로한 왕과 함께 왕국도 광기와 재난으로 빠져든다.

셰익스피어의 전체 작품들 중에 싹이 올라오기 전에 폭정을 막기 위해서 원칙에 기초를 두고 체계적으로 시도하는 작품이 하나 있다. 『줄리어스 시저』 1장에서 호민관인 무렐루스와 플라비우스는 카이사르가 폼페이에서 승리한 것을 평민들이 축하하지 못하도록 열심히 노력한다. 장군에 대한 군중의 흥분에 위험한 정치적 효과가 내재해 있음을 분명히 감지한 두 사람은 카이사르의 조각상으로 달려가 거기에 매달려 있는 장식물을 서둘러 끌어내린다.

평민들 사이에서 카이사르의 인기가 올라가지 않도록
저 깃털을 잡아뽑아야 하네.
그러면 적당한 높이까지만 올라가겠지.
그렇지 않으면 아주 높이 날아올라
우리 모두 그의 하인이 되고
두려움 속에 살게 될 걸세. (『줄리어스 시저』 1막 1장 71-74)

노력은 가상했으나 두 사람은 위험을 무릅쓴 것이었다. 2장에 이런 대사가 흘러나온다. "카이사르의 조각상에서 어깨띠를 제거한 죄로 무렐루스와 플리비우스가 처벌받았다네(1막 2장 278-279)."

2장에서 로마 원로원의 주요 인물 두 사람이 비슷한 불안에 휩싸인다. 카시우스와 대화를 하던 브루투스는 멀리에서 군중의 함성이 들릴 때마다 깜짝 놀란다. 그리고 초조하게 묻는다. "이 함성은 무엇을 의미할까? 나는 사람들이 / 카이사르를 왕으로 세우지 않을까 심히 걱정스럽다네(1막 2장 79-80)." 카시우스도 기회를 놓치지 않고 카이사르의 승진에 대한 자신의 분노와 당혹감을 표현한다.

나 원 참, 카이사르는 이 좁은 세계 위에
거인처럼 다리를 벌리고 서 있어.
우리 하찮은 인간들은 그의 거대한 다리 밑을
걸어 다니면서 무덤 자리나 엿보는 신세라네. (1막 2장 135-138)

지금 벌어지는 일이 불가사의하고 피할 수 없는 운명이 아니라는 점을 이해하는 것이 중요하다고 카시우스는 힘주어 강조한다. "브루투스여, 잘못은 우리의 별에 있는 것이 아니라 / 노예가 된 우리 자신에게 있다네(1막 2장 140-141)." 이 말에는 폭정의 위협의 임박한 상황에서 우리가 무엇인가를 할 수도 있다는 의미가 숨어 있다.

브루투스 본인도 그 의미를 마음에 새기고 스스로 깊이 생각한다. 그는 카시우스에게 가까운 장래에 대화를 이어가자고 약속한다. 헤어지기 전에 그들은 안토니우스가 카이사르에게 왕관을 수여하려고 하고 카이사르가 이를 세 번 거절했을 때 군중이 함성을 질렀다는 사실을 알게 된다. 그가 그렇게 거절해도 문제는 쉽게 해결되지 않는다. 카스카는 원로원이 그다음 날 중요한 계획을 실행한다는 소문을 보고한다. 카이사르를 여기 이탈리아를 제외하고 모든 땅, 모든 바다에서 왕관을 쓸 수 있는 왕으로 만들 예정이라는 소문이다. 이 말을 들은 카시우스는 그러한 지배를 받으며 사느니 차라리 목숨을 끊겠다고 응답한다. 그런 뒤 목숨을 끊을 수 있다는 것은 일종의 자유를 누리는 것이라고 말한다. "그렇게 해서 약한 사람이 강자가 되고, / 그렇게 해서 폭군을 물리치는 것입니다(1막 3장 91-92)."

곧 알게 되겠지만 브루투스 역시 폭정으로부터의 자유를 생각하고 있으나, 자살은 고려하지 않는다. "그것은 오직 그의 죽음뿐(2막 1장 10)"이라고 그가 말한다. 이 말은 대화가 아니다. 하인을 확실히 물러가게 했으니 무대 위에 엿듣는 사람도 없다. 자신의 과수원에서 한밤중에 그는 혼자 골똘히 생각한다. "그것은 오직"에서 "그것"이 무엇인지, "그의 죽음"에서 "그"가 누구인지를 명시하지 않는다. 우리는 회오리치는 생각 속으로 텀벙 빠지고, 그래서 서두에 해당하는 대사는 필요하지 않다.

몰락과 재기　　　193

그것은 오직 그의 죽음뿐, 나로서는

개인적인 이유가 있어 그를 해하려는 것이 아니다.

그것은 일반 대중을 위해서이다. 그는 왕관을 쓰고자 할 텐데

왕관을 쓰면 어떻게 변할지 모르니, 그 점이 문제로다.

날이 화창하면 독사가 기어나오니

걸음을 조심해야 한다. 그가 왕관을 쓴다면, 그때는.

(2막 1장 10-15)

셰익스피어는 이와 같은 생각을 한 번도 쓴 적이 없었다. 우리는 이 독백을 어떻게 받아들여야 할까?

브루투스는 "일반 대중"—즉, 공공의 이익—을 "개인적인 이유"와 대립시킨다. 그러나 그의 긴 독백은 추상적인 정치 원리와 특정한 개인들—심리적인 특이성, 예측 불가능성, 부분적으로만 알 수 있는 불투명한 내면을 지닌 개인들—사이에 선을 분명히 긋지 않는다. 걱정에 사로잡힌 정신이 흐름을 비틀고 방향을 돌릴 때마다 조동사 "……하고자 하다(would)"와 "……할지 모르다(might)"가 희미하게 깜박이며 모호함을 더한다. 햄릿의 유명한 말을 예견하게 하는, "그 점이 문제로다"라는 울림이 있는 구절은 브루투스의 입에서 흘러나오는 생각 전체에 독기를 불어넣는다.

고대 로마인은 자기 성찰이 아니라 행동을 하는 로마인을 위대하게 여기는 경향이 강했다. 로마인은 세계를 정복하는 데에

주력하고, 철학 연구와 명상은 그리스인에게 넘겼다. 그러나 셰익스피어가 보기에 로마에서 공식적으로 쓰인 수사학이라는 가림막 뒤에는, 올바른 행동이 무엇인지를 모르고, 자기가 무엇 때문에 행동하고 있는지를 절반밖에 알지 못해서 곤란에 빠지고 쉽게 상처받으며 갈등하는 사람들이 있었다. 그들이 세계 무대에서 활동하고 있었으며 그들의 불투명한 개인적 동기가 엄청난 세계적 재앙으로 이어질 수 있었다는 이유로 이 문제는 한층 더 위험했다.

"그 점이 문제로다"라는 브루투스의 말은 무엇이 문제인지를 정확히 밝히지 않는다. 뒤얽혀 있는 몇 가지 문제가 그를 괴롭히고 있다. 내가 사랑하고 나의 목숨을 바쳐 지켜야 할 로마 공화국은 과연 얼마나 위험한가? 카시우스가 나에게 원하는 것은 무엇일까? 카이사르─방금 왕관을 세 번이나 거절한 자─가 정말 폭군으로 변할까? 재난을 막는 최선의 방법은 무엇일까? 내가 어떤 결론을 내리든 카이사르와의 오래된 사적 교분交分을 나의 결론에 어떻게 반영하면 좋을까? 그냥 앉아서 지켜보는 것이 더 도리에 맞을까?

속담 속의 지혜─"날이 화창하면 독사가 기어나오니"─는 주의를 촉구하는 경고인 "걸음을 조심해야 한다"로 이어진다. 그후에 둘 다와 앞뒤가 맞지 않는 비문법적 외침─"그가 왕관을 쓴다면, 그때는"─이 이어지는데, 이 외침은 부지중에 어떤 환상이 브루투스의 마음속을 예리하게 스쳤음을 보여주는 언어적 자취일 것이다. 그렇게 그의 대사가 이어지면서 자연과 사회를 새끼 꼬듯 꼬고, 눈으로 관찰한 것과 개인의 환상을 뒤섞고, 횡설수설하며 불길하게 암살 계획으로 치닫는다. 동시에 그 일을 공적으로 정당화하는 일종의 공식 성명을 만든다.

그리고 우리의 논쟁은 지금 그가 어떤 사람인지와는 상관이 없어.
이렇게 생각해야 한다. 만일 그의 권력이 더 커진다면,
지금과 같은 성격이 내가 생각하는 극단적인 성격으로
변하리라고 말이지. (2막 1장 28-31)

우리는 지금 세계사적으로 매우 중대한 사건인 율리우스 카이사르의 암살이 어떤 뿌리에서 시작되었는가를 목격하고 있지만, 셰익스피어는 그것을 안팎에서 동시에 보라고 요구한다. 『줄리어스 시저』의 등장인물들은 자신이 각각 다른 정치 및 철학의 원리를 따른다고 규정한다. 카시우스는 에피쿠로스를 추종한다고 주장하는데, 이는 인간의 행복이나 불행이 신이나 운명이 아니라 오직 인간에 의해서 결정된다는 것을 의미한다. 키케로는 회의주의 학파의 철학자답게 이렇게 주장한다. "인간은 자신의 목적에 따라 대상을 해석하고, / 대상의 실질적인 의미를 잘못 이해한다네(1막 3장 34-35)." 브루투스는 냉철한 스토아학파여서 중대사의 징후나 전조에 무관심하다. 연극 후반에 그는 이미 아내의 죽음을 알고 있으면서도 모르는 척하며

자신의 절대적인 극기를 입증하고자 한다. "이런, 잘 가시오, 포르티아(4막 3장 189)." 그러나 그의 입증은 계산된 것이어서 원리의 진정성이 의심받고, 연극은 철학적으로 일관된 것처럼 보이는 것들을 반복해서 허물어뜨린다.

등장인물 중 누구도—율리우스 카이사르는 물론이고 안토니우스나 카시우스까지—추상적인 이상은 말할 것도 없고 일관적인 태도도 몸소 실천하지 못한다. 가장 가까이 다가간 사람은 브루투스이다. 연극의 마지막 순간에 안토니우스는 그를 가리켜 "로마에서 가장 고결한 자(5막 5장 68)"라고 칭송한다. 물론 이 칭송은 냉소적이기 이를 데 없는 승자의 공개적인 선언이며, 우리는 이미 브루투스의 생각이 얼마나 탁하고 혼란스럽고 모순적인지 그 내면을 들여다보았다. 그러나 그 모든 선택을 감싸는 짙은 안개 속에서도 어떻게 해야 할지 결정할 수밖에 없는 상황에서 브루투스는 카이사르를 죽이기로 마음을 정한다. 이렇게 과감한 수단이 아니면 공화국을 구할 수 없다고 믿은 브루투스는 공모자들에게 자신의 막대한 명성을 빌려준다(카시우스가 암살 음모에 동료들을 끌어들이려고 할 때 그들은 "브루투스가 앞장선다면 우리도 하겠소. 이 일에는 무력이나 용기가 아니라 브루투스 같은 사람의 명성이 필요하오"라고 말한다/역주). 물론 그들에게는 각자의 동기가 있다. 결정적 순간인 3월 15일, 브루투스는 다른 사람들과 합세하여 친구의 몸에 칼을 꽂는다.

거사를 치른 뒤 브루투스는 암살에 가담한 동료들에게 "로마인이여, 무릎을 꿇어라"라고 말한다.

자, 모두 손에서 팔꿈치까지 카이사르의 피로 물들이고
우리의 검에 그의 피를 칠합시다.
그런 뒤 밖으로 나가 시장까지 행진합시다.
피 묻은 검을 높이 들고 흔들면서
이렇게 외칩시다. "평화여, 자유여, 해방이여!" (3막 1장 106-111)

지금부터 오랫동안 로마는 자신들을 구원자로 추앙하리라고 브루투스는 상상한다. 그들의 대의는 정당하며, 그들은 남을 헐뜯는 정치인이 아니라 고결한 이상을 지닌 자들이라는 단하나의 이유로 사람들이 그렇게 인정하리라고 그는 확신한다.

그러나 상황은 그의 생각대로 흘러가지 않는다. 불가피하게도 23인 각자의 동기가 함께 외친 구호의 의미보다 복잡하다는 것, 그리고 더 나아가 고결한 이상에 기초한 현실 세계의 행동이 의외의 아이러니한 결과를 낳을 수 있다는 데에 문제가있다. 브루투스가 꿈꾸는 바에 따르면, 명예나 정의, 자유와 같은 이상은 어떻게든 순수한 형태로, 즉 저급한 계산과 지저분한 타협에 물들지 않은 형태로 존재할 수 있다. 그러나 순수한원칙을 가장 확고하게 따른 그는 카이사르와 더불어 안토니우스도 죽이자는 제안을 거부했으며, 이는 정치적 재앙이었다.

198

안토니우스는 카이사르를 충직하게 따른 부하일 뿐 아니라 뛰어난 선동 연설가로, 카이사르의 시신 앞에서 행한 유명한 연설—"동지들이여, 로마인들이여, 동포들이여, 잠시 귀를 빌려주시오……(3막 2장 71)"—은 내전을 자극했고, 이 내전은 결국 공모자들이 구하고자 했던 공화정 체제를 무너뜨린다.

자신의 동기에 한 치의 이기심이나 폭력을 배제하고자 한 브루투스의 바람은 그저 환상에 불과하다는 점을 셰익스피어는 분명히 한다. 브루투스는 카이사르가 상징하는 위험—독재의 위협—을 카이사르를 죽이지 않고도 제거하기를 간절히 바라지만, 본인조차도 그렇게 깨끗하고 피를 보지 않는 방식으로는 자유를 수호하는 것이 불가능하다는 점을 인식하고 있다.

아, 카이사르를 베지 않고 그의 정신을
극복할 수만 있다면! 하지만 안타깝게도
그의 피를 보는 수밖에 없습니다. (2막 1장 169–171)

브루투스는 암살 이후에 다른 공모자들이 행하고자 하는 제2의 유혈사태를 허락하지 않고, 셰익스피어는 브루투스의 이러한 태도를 비웃지 않는다. 그 거부가 나타내는 정신적 고결함은 안토니우스와 그 동맹자들의 얄팍한 기회주의와 극명하게 대비된다. 보란 듯이 안토니우스 분파는 곧 적을 척결할 기회를 잡는다. 그러나 순수한 꿈은 너무나 비현실적이며 아이러

몰락과 재기

니로 둘러싸여 있다. 순수한 꿈은 평민 대중의 불확실성을 조금도 고려하지 못한다.

『줄리어스 시저』는 심리적, 정치적 딜레마를 무자비하게 탐구할 뿐 어떤 해결책도 제시하지 않는다. 카시우스(엎치락뒤치락하는 필리피 전투의 결과를 잘못 이해하여 스스로 목숨을 끊는다)이든, 카이사르의 혼령에 사로잡힌 브루투스이든 상황을 투명하게 이해하는 순간이 단 한 번도 없다. 대신에 이 비극은 정치적 불확실성, 혼란, 맹목성을 전례 없이 훌륭하게 표현한다. 예를 들면, 카이사르가 독재 권력을 거머쥐리라고 결심했을 때 발생할 수 있는 제도의 위기를 되돌리려는 시도가 국가의 붕괴를 재촉한다. 공화국을 구하고자 했던 바로 그 행동이 공화국을 파괴한 것이다. 카이사르는 죽지만, 연극이 끝날 때에는 카이사르가 꿈꾸던 전제 정치, 카이사르주의가 승리의 나팔을 울린다.

10

저지할 수 있는 출현

개인처럼 사회도 반사회적 인격 장애자로부터 자기를 보호한다. 외부에 존재하는 위험은 물론이고 내부에 존재하는 요인을 확인하고 처리하는 기술을 개발하지 못했다면, 인류는 지금까지 생존할 수 없었을 것이다. 인간 사회는 보통 특정한 사람들이 내부에서 제기하는 위협을 경계하고 어떻게 해서든지 그들을 고립시키거나 추방한다. 폭정이 사회 조직의 규범이 아닌 것도 그런 이유 때문이다.

그러나 특별한 상황에서 사회 조직을 보호하는 일은 보기보다 어려운데, 잠재적 폭군이 가지고 있는 위험한 자질들 중에 일부는 쓸모가 있기 때문이다. 이 양날의 유용성을 훌륭하게 묘사한 셰익스피어의 역사적 사례가 바로, 코리올라누스라는 이름으로 더 잘 알려진 가이우스 마르키우스이다. 코리올라누스는 불같은 공격성, 지배적인 성격, 고통에 대한 무관심을 바탕으로 기원전 5세기에 로마를 지켜낸 공로로 크게 성공한 무사였다. 극작가 셰익스피어는 좋아하는 자료들 중의 하나인 플루타르코스의 『영웅전*Bíoi Parálléloi*』에서 이야기의 줄거리를 발견하고 이것으로 자신의 생애 마지막 비극 작품을 빚어냈다.

『코리올라누스』는 배경이 먼 과거이지만, 연극은 긴박한 당면 과제를 우회적으로 저격했다. 주기적인 흉년과 맞물려 발생한 식량 부족 때문에 잉글랜드에서는 여러 세대에 걸쳐 민중 저항이 소란스럽게 이어졌고, 곳곳에서 군중이 구호물자를 달라고 아우성을 쳤다. 1607년에 미들랜드에서 일어난 전면적인 폭동은 노샘프턴셔에서 레스터셔로, 그리고 워릭셔로 빠르게 번져나갔다. 성난 군중은 수천 명씩 모여서, 가격 상승을 기대하며 곡식을 쌓아놓기만 하는 혐오스러운 관행을 규탄하고 공유지를 불법적으로 사유화하는 행위를 멈추라고 지방 영주들에게 요구했다.

반란의 주도자는 "파우치 대장^Captain Pouch"이라고 불린 존 레이놀즈였는데, 그렇게 불린 이유는 시위 군중을 보호한다는 마술 도구를 작은 가방에 넣어서 지니고 다녔기 때문이다. 레이놀즈는 추종자들에게 폭력을 쓰지 말자고 요청했고, 시위자들도 대개 지주들이 모두에게 속한 땅을 사유화하기 위해서 만들고 있던 울타리를 무너뜨리거나 도랑을 메우는 것에 만족했다. 현지 경찰은 평온함을 유지했지만 지주들은 깊이 우려했다. 셰익스피어도 그들처럼 걱정할 이유가 충분했다. 그도 워릭셔에 땅이 있었고, 많은 양은 아니었지만 곡식을 사재기하고 있어서였다. 따라서 문제는 이 같은 소요 사태에 어떻게 대응하는가였다.

권력자들은 급히 모여 시위에 대처할 최선의 방안을 논의했다. 곡식을 풀고 인클로저를 중단하자는 의견도 있었고, 강경책이 옳다고 주장하는 이도 있었다. 슈루즈베리 백작은 형제인 켄트 백작에게 이렇게 써 보냈다. "어떤 설득도 하려고 하지 마라. 너에게 훌륭하게 준비된 말이 40 내지 50필이 있으니 저들처럼 무방비 상태인 부랑자 1,000명 정도는 거뜬히 짓밟아 흩어지게 할 수 있을 것이다."[19] 실제로 이 냉혹한 주장이 우세했다. 1607년 6월 지주들의 무장 사병이 수천 명의 시위자를 죽였고 파우치 대장은 붙잡혀 교수형을 당했다(당대의 연대기에 따르면 그의 작은 가방에 들어 있던 것은 "생치즈 한 조각뿐"이었다고 한다). 미들랜드 폭동은 그렇게 끝이 났다.

셰익스피어의 희곡은 로대 로마에서 일어난 식량 폭동으로 시작한다. 코리올라누스는 최선의 대처 방법에 대한 슈루즈베리 백작의 견해와 매우 흡사하다. 그는 이렇게 주장한다.

만일 원로 여러분이 잘못된 동정심을 버리고
내가 칼을 써서 이 문제를 해결하게 해준다면

저지할 수 있는 출현   203

그 종놈들을 죽여 나의 창의 길이만큼

높이 쌓을 것이오. (『코리올라누스』 1막 1장 189~191)

그러나 귀족들은 그들에게 정치적 표현의 수단을 제공하는 것, 즉 평민의 이익을 대변할 호민관 5인을 임명하는 것으로 분노를 달래보겠다고 결정한다. 코리올라누스가 보기에는 호민관 2인도 너무 많다. 그는 평민에게는 의사 표현의 기회가 주어져서는 안 되며, 그들은 단지 주어진 운명에 순응해야 한다고 생각한다.

귀족당―귀족당 주요 대변인의 표현에 따르자면, "오른손에 파스케스"(파스케스fasces는 권위를 상징하는 자작나무 막대기 다발이다/역주)―은 한 가지 문제에만 관심이 있다. 엄청나게 불평등한 자원 분배를 확고히 하고(오늘날 우리가 재정 정책이라고 부르는 것을 통해서), 당원들이 축적한 재산을 지키는 것이다. 이것을 위해서 귀족들은 다른 모든 것을 기꺼이 희생시킨다. 그러니 시민의 행복은 물론이고 그들의 목숨까지도 기꺼이 희생시킬 것이 분명하다.

부유한 귀족들은 하층 계급의 노동―성벽 너머 들판에서 땀을 흘리는 자들의 농업 노동, 도시 안에서 일하는 일꾼, 장인, 하인들의 노동, 군대의 다양한 계급을 넘치게 채우며 적으로부터 도시를 지키는 사병들의 노동―에 의존한다. 바로 이런 이유로, 가난한 평민들이 결국 자포자기하여 연장을 내려놓고 폭동을 일으키면, 귀족들은 한발 양보하여 그들의 요구를 최소한 몇 가지는 들어준다. 그러나 이러한 양보는 실제로 의존을 인정한다는 뜻이 아니다. 오히려 권력자들은 가난한 계층, 특히 도시 빈민을 경제적 유출의 근원으로, 가만히 앉아 먹여주기를 기다리는 게으른 입으로 생각한다. 어쨌든 토지와 그 토지에서 생산되는 것들, 건물과 공장과 그밖의 거의 모든 것들을 귀족이 소유하고 있다. 이 소유의 정점에서 아래를 굽어보면 사실상 가진 것이 아무것도 없는 가난한 자들은 기생충처럼 보인다. 귀족 출신의 군인들도 마찬가지이다. 그들은 어려서부터 무술을 훈련하고 든든하게 무장을 하고 사나운 군마를 타고 전투에서 빛을 발하고 훈장을 받는지라, 가난한 자들을 겁쟁이 무리로 본다. 그들은 공성 장비를 끌어올리고 물품을 나르고 빗발치는 화살을 피하려고 애쓰는 자들에 불과하다.

셰익스피어의 희곡에서 귀족이 가난한 자에 대한 의무를 가장 인정한다고 볼 수 있는 순간은 매우 상징적인데, 적의 도시 코리올리를 점령한(이 정복을 통해서 그 존칭을 얻었다) 코리올라누스가 사령관에게 부탁을 하는 장면이 그것이다. "무엇이든 말해보시오." 감사하는 마음으로 가득한 장군이 말한다. "부탁하고 싶은 것이 무엇이오?" 코리올라누스는 일전에 코리올리에서 "가난한 남자의 집에 머물렀는데, 그자가 나를 극진히 대접했다(1막 9장 79-81)"고 대답한다. 지금 그 집주인이 로마군에 잡혀 포로가 되었다. 포로들이 암울한 운명을 향해서 로마군에게 끌려가고 있을 때 그 남자가 옛 손님을 알아보고 그를 소리쳐 불렀지만, 서로를 알아본 순간 코리올라누스는 적장과 싸우기 위해서 달려나갔고 "분노에 사로잡히는 바람에 안쓰러운 마음을 잊고" 말았다. 이제 "간곡히 청하노니, 불쌍한 그 남자를 풀어주시기 바랍니다"라고 그가 부탁한다(1막 9장 84-85). 이 말에 감동한 장군이 "그자가 나의 아들을 죽인 자라고 해도 / 바람처럼 자유롭게 해주겠소(1막 9장 86-87)"라고 말하고 그 남자의 이름을 묻는다. 애석하게도 코리올라누스는 남자의 이름을 기억하지 못한다.

귀족들이 보기에 평민은 이름이 없다. 그럼에도 불구하고 로마에서 빵을 얻기 위해서 폭동을 일으킨 가난한 사람들은 적어도 그들의 불만을 토로한다. 평민들은 흉작이라고는 하지만 저장된 곡식이 충분하니 귀족들이 식량을 풀기만 하면, 기아를 막을 수 있다고 외친다. 그러나 부자들은 시장 가격이 떨어질 것을 우려해 곡물을 창고에 쌓아두고 썩게 한다. 또한 사재기보다도 근본적인 문제가 있다. 국가의 경제 체제가 빈부의 격차를 완화하는 것이 아니라 갈수록 심화하게끔 설계되었다는 것이다.

귀족들은 세법과 재정 규제를 작성했으니 이 체제에 책임이 있지만, 그것이 자신들의 의도는 아니라고 극구 부인한다. 귀족당의 온건한 대변인인 메네니우스 아그리파를 통해서 셰익스피어는 부유하지만 민중의 친구라는 이미지를 능숙하게 광

고하는 성공한 보수 정치인을 솜씨 좋게 그려냈다. 메네니우스
는 평민의 곤궁함에 깊은 동정을 표하면서도, 기근을 초래한
흉작에 대해서 귀족들을 탓할 수는 없다고 폭도들―"나의 친
구들, 나의 정직한 이웃들(1막 1장 55)"―에게 강조한다. 폭력
으로는 아무것도 이루지 못한다. 그는 인내하고 기도하라고,
그리고 그와 더불어 부자들이 불행한 자들에게 항상 베푸는
"자비로운 보살핌"을 믿으라고 충고한다.

  그러자 군중 속에서 한 남자가 야유한다.

  우리를 보살핀다고? 나 원 참, 세상이 두 쪽 나면 모를까.

  그래요, 귀족들은 절대 우리를 보살피지 않아요.

  우리는 굶주리는데 그들 창고에는 곡식이 가득하죠.

  귀족들이 지지하는 법은 우릴 등쳐먹는 법이에요.

  그들이 매일 하는 일은 부자를 보호하고

  가난한 자를 해치는 것이죠.

  전쟁이 우리를 죽이지 않는다면, 부자들이 우릴 죽입니다.

  (1막 1장 72-77)

  여기에서 이름 없는 시민이 퍼붓는 비난은 신랄하고 논리적
이다. 지금 이곳은 잭 케이드와 그의 술 취한 폭도들이 누군가
를 혼내는 자리가 아니다. 군중 속에서 또다른 남자가 씁쓸하
지만 타당한 이론을 내놓는다. 필요한 만큼보다 더 많이, 쓸 수

있는 만큼보다 더 많이 가진 사람들이 다른 사람들을 굶주림에 빠뜨리고 느긋해하는 이유는 무엇인가? 1장 서두에서 그는 이렇게 설명한다. "우리가 굶주려 피골이 상접한 것을 보고 부자들은 그들의 풍요를 더 구체적으로 확인하는 것입니다(1막 1장 17-18)." 수많은 빈민의 참상을 보면서 부자들은 상대적으로 더 부유하다고 느낀다.

메네니우스는 유명한 우화를 들어 반론을 편다. 신체의 다른 부위들이 배에 대해서 반란을 일으킨다는 이야기이다. 신체의 부위들은 저마다 보기, 듣기, 걷기 같은 힘든 일을 수행하는데, 배는 아무것도 하지 않고 앉아서 먹기만 한다고 다들 불평한다. 물론 우화가 암시하듯이, 배는 결코 빈둥거리지 않으며 오히려 "몸 전체를 위한 창고이자 점포"이다. 배는 보이지 않게 끊임없이 일하면서 필수 영양소를 모든 부위에 나누어준다. 로마의 귀족 원로들이 바로 그러한 분배 지점이라고 메네니우스는 주장한다. 귀족은 국민이 살면서 누리는 모든 좋은 것들의 원천인 셈이라는 것이다.

여러분이 누리는 혜택은 여러분 자신에게서
나오는 것이 아니지요. 그것은 그분들에게서 나와
여러분에게 흘러가는 것입니다. (1막 1장 142-145)

이 설명에 따르면, 모든 것이 먼저 부자들의 금고로 흘러 들어가고 부자들이 이를 알맞게 소화한 뒤 다른 모든 사람에게 필요한 양을 조금씩 흘려 보내주는 것이 아무런 문제가 되지 않는다.

지배 계층의 독식을 옹호하는 이 기발한 변명에 굶주린 폭도들이 설득당했는지는 분명하지 않다. 이때 메네니우스의 친구인 코리올라누스가 나타나 대중을 위하는 척하는 보수 정치인의 가면을 벗어던진다. 이 전쟁 영웅은 조금의 허세도 부리지 않는다. 그는 정치적으로 능수능란한 보수주의자들이 즐겨 쓰는 친절하고 온화한 가면을 거부하고, 오른손 파스케스의 또 다른 분파를 대변한다. 이들은 달콤한 우화로 그들의 정책을 포장하기는커녕 폭도를 학살하고 싶어 몸이 근질근질한 자들이다.

로마의 주적인 볼스키족이 당장이라도 공격할 태세라는 소식이 도착하지 않았다면, 코리올라누스의 위협은 말에 그치지 않을 수도 있었다. 소식을 듣고 그는 기뻐한다. 전쟁이 그의 천직일 뿐 아니라 운이 좋다면 눈앞에 있는 이 "오합지졸"을 쓸어버릴 수 있기 때문이다. 그는 "그거 잘 되었다"라며 기뻐한다. 이제 "곰팡내 나는 쓰레기를 / 깨끗이 몰아낼" 수 있다는 것이다. 이 난폭한 장수에게 가난한 자들—지금 구제 곡물을 받고 있는 사람들—은 곰팡내 나는 음식 쓰레기와 같다. 최고의 방책은 그들을 제거하고 창문을 열어 환기하는 것이다.

아버지 없이 자란 코리올라누스의 잔인한 심리와 정치적 견해는 무서운 어머니 볼룸니아에게서 유래한 것이다. 그녀는 이렇게 자랑한다. "아이가 아직 몸이 여리고 나의 배에서 태어난 유일한 아들이었을 때, 너무 젊고 아름다워서 모든 사람의 관심을 한몸에 받을 때 밖에 내보내 명성을 쌓게 했지." 그녀는 항상 그가 최고의 목표인 무공에 집중할 수 있도록 아들을 양육했다. "나는 그때도 아이에게 믿을 수 없는 잠재력이 있다고 생각하고 흔쾌히 잔인하고 위험한 전쟁에 내보냈지(1막 3장 5-12)."

아들의 명성에 집착하는 볼룸니아의 열정에는 잔학한 면이 있다. 그녀의 표현대로, 그녀의 배에서 태어난 유일한 이 아들은 하나의 대상, 즉 그녀 자신의 중요성을 비추어주는 거울일 뿐이며, 다른 면에서는 전혀 중요하지 않다. 그녀는 어머니로서 아들의 "여린" 몸을 보호하는 데에는 관심이 없다. 반대로 아들이 적군과 싸울 때 입은 상처를 자랑으로 여긴다. 그녀에게 전투에서 당한 부상은 아름답기만 하다.

헥토르가 빨던 헤카베의 젖가슴이

아름답다고는 하나

헥토르가 그리스인의 검을 맞았을 때

피를 뿌리던 그 이마보다는 아름답지 않았어. (1막 3장 37-40)

그녀는 어머니가 젖을 먹이는 광경을 깊은 상처에서 피가 뿜어나오는 참혹한 이미지로 변형시킨다. 그녀의 비뚤어진 양육 방식은 이 이상한 왜곡에 모두 집약되어 있다.

한 소름 끼치는 장면에서, 코리올라누스에게 양아버지나 다름없는 메네니우스와 볼룸니아는 아들이 최근에 이룬 업적—다시 말해서 최근에 입은 부상—을 공유하면서 흥분한다. "어디를 다쳤답니까?" 메네니우스가 눈을 반짝이며 묻자 볼룸니아가 대답한다. "어깨 그리고 왼팔이랍니다(2막 1장 132-136)." 그녀는 상처가 아들에게 가져다줄 정치적 이점을 벌써부터 생각하고 있다. 이는 아들이 로마 공화국에서 가장 높은 공직인 집정관 후보가 되었을 때 유용할 것이다. "아이가 출마할 때쯤에는 커다란 흉터를 사람들에게 보여줄 수 있을 것입니다." 두 노인은 그들의 기괴한 목록을 계속 뒤적인다.

볼룸니아 : 이번 원정을 떠나기 전까지 아들 몸에는 25곳의 상처가 있었어요.
메네니우스 : 그럼 이제 27곳이 되었겠군요. 흉터 하나하나가 적들의 무덤이었지요.

마치 인간의 몸이 아닌 다른 것에 관해서 이야기하는 듯하다. 나팔 소리가 코리올라누스의 도착을 알리자 어머니는 자신의 아들을 무기에 더 적합할 표현으로 묘사한다.

저지할 수 있는 출현　　211

앞에서는 환호성이 터지고 뒤에서는 패자의 눈물이

터진답니다. 음울한 죽음의 신이

아들의 장대한[즉, 근육질의] 팔에 안겨

앞뒤로 흔들릴 때마다 적들이 죽어나가지요. (2막 1장 147-150)

항상 효심이 깊은 코리올라누스는 어머니가 흡족해할 상처를 얻었을 뿐 아니라 어머니가 바라는 바에 따라 인간이 아닌 물건이 되었다. 전장에서 외경심에 사로잡힌 그의 장수는 "머리끝에서 발끝까지 / 피범벅이 된 어떤 물건(2막 2장 105-106)"이라고 그를 묘사한다. 그리고 코리올라누스는 자신이 "물건"이 되었으니 남들 역시 그렇게 만든다. 그가 보기에 평민은 "노예", "오합지졸", "못된 개", "곰팡이"이다. 따라서 앞길을 가로막는 것이 나타나면 즉시 난도질하고 불태우고 죽인다.

연극 초반에 코리올라누스의 아내인 버질리아가 친구와 대화한다. 친구는 그녀의 어린 아들이 잘 지내느냐고 묻는다. 그녀는 "네, 잘 지냅니다"라고 정중하게 답하지만, 아이의 호전적인 할머니 볼룸니아는 이 대답이 마음에 들지 않는다. 그래서 이렇게 손자를 자랑한다. "손주 녀석이 선생을 올려다보기보다는 칼싸움을 보고 북소리를 듣는 편이 나았을 게다(1막 3장 52-53)." 어린 시절 코리올라누스의 가치관을 엿볼 수 있는 이 짧은 말에 친구가 즉시 한 줄을 보탠다. 할머니가 기뻐하리라는 것을 알고 일화를 꺼내는 것이다. "지난 수요일에 반시간 동안 그 아이를 지켜보았답니다(1막 3장 55-56)." 얼마나 "안색이 늠름한"—표정이 결연한—아이인가! "아이가 호랑나비를 잡겠다고 뛰어다니는 것을 보았어요. 나비를 잡았다가 놓아주고 또 잡았다가 놓아주고 계속 그랬지요. 그러던 중 넘어져서 화가 났는지 왜 그랬는지, 이를 악다물고 나비를 찢기 시작하더군요. 아, 정말 발기발기 찢었답니다!(1막 3장 57-61)"

아이가 나비를 발기발기 찢는 장면이 왜 연극에 포함되었을까? 아이가 "아버지의 성미(1막 3장 62)"를 닮은 것이라며 볼룸니아가 기쁜 표정으로 대답한다. 우리가 코리올라누스—심지어 가장 소름 끼치고 무서울 때의 코리올라누스—를 극히 위험한 어린아이로 볼 수 있듯이, 또한 그를 볼룸니아 같은 어머니의 산물로 볼 수 있다. 물론 그는 위대한 전사이다. 사람들은 그의 명령에 복종하고 그 앞에서 벌벌 떤다. 그는 권력을 휘둘러 생사를 가른다. 도시를 구할 수도 있고 파괴할 수도 있다. 가족을 멸할 수도 있고, 나라 전체를 위협할 수도 있으며, 알려진 세계 전체에 그림자를 드리울 수도 있다. 그러나 그러한 위협적인 모습도 그가 어른답지 못하고 유치하다는 느낌을 완전히 지우지는 못한다.

문명국가에서는 지도자라면 어른 같은 자제심을 적어도 얼마간은 체득했으리라고 기대하며, 또한 타인을 배려하고 친절히 대하고 존중하는 마음, 사회 제도를 믿고 따르는 마음을 기대한다. 코리올라누스는 그렇지 않다. 여기에서 우리는 너무

저지할 수 있는 출현　　　213

크게 자란 아이, 어른의 감독과 규제에서 완전히 벗어난 아이의 자기도취와 불안정, 잔인성과 어리석음을 본다. 아이가 성숙하도록 도왔어야 할 어른이 곁에 없었거나, 혹은 있었다고 해도 아이의 나쁜 기질만 강화한 것이다.

성장 과정에서 드러난 그의 특성들—화를 잘 내는 성격, 무자비하게 윽박지르는 경향, 동정심 부족, 화해를 거부하는 경향, 권력을 함부로 휘두르려고 하는 충동적 욕구 등—을 조합해보면, 코리올라누스가 전쟁에서 승리할 수 있었던 이유를 이해할 수 있다. 그러나 연극의 줄거리를 좌우하는 문제는 그러한 개인이 로마군을 등에 업고 전쟁터가 아니라 국가에서 최고 권력을 휘두르고자 할 때 어떤 일이 벌어지는가이다.

전쟁의 의무를 화려하게 마친 코리올라누스는 당당하게 개선하여 대중의 환호를 한껏 누린다. 전령이 보고한다.

벙어리들이 몰려와 그의 얼굴을 보려고 하고,
소경들이 몰려와 그의 목소리를 들으려고 했습니다.
그가 지나갈 때 귀부인들은 장갑을 던지고,
아가씨와 소녀들은 스카프와 손수건을 던졌지요.
귀족은 신의 조각상에 절을 하듯 허리를 숙였고
평민은 천둥소리가 무색하게 환호했습니다. (2막 1장 249−255)

그는 도시의 구원자이다.

214

어머니와 귀족당 지도자들이 생각하기에, 지금이 코리올라누스가 집정관으로 출마하기에 완벽한 순간이다. 물론 그의 정치적 성향은 대단히 극단적이고 자신의 견해를 표명하는 목소리에는 거리낌이 없지만, 부자들은 지금 거센 폭동에 밀려 양보했던 과거를 후회한다. 집정관이 되면 코리올라누스는 강력한 정책을 밀어붙여 양보한 것들을 철회할 것이다. 처음부터 그는 평민들에게 정치적 발언의 기회를 주거나 사회적 안전망을 치는 것에 확고히 반대해왔다. 그가 경멸하는 표정으로 굶주린 군중을 아래와 같이 묘사한다.

그들은 시시껄렁한 속담을 빌려 굶주리고 있다고 말하더군요.
굶주림은 돌벽을 부수고, 개들도 고기를 먹어야 하며,
고기는 먹기 위한 것이고, 신은 부자뿐 아니라 가난한 자를
위해서도 밀을 보내주었다고 말이죠. (1막 1장 196-199)

코리올라누스에게 이것은 "곰팡내 나는 쓰레기들"의 목소리이며, 굶어 죽게 놔두는 것이 로마에 이득이 된다.

볼스키족과의 전쟁이 끝난 뒤에는 오른손 파스케스를 온화한 포퓰리즘의 분위기로 감추려고 조심하던 메네니우스마저도 강경한 입장으로 돌아선다. 이제 하류 계층과 타협하거나 그들에게 양보할 이유가 없다. 메네니우스는 호민관을 조롱하며 이렇게 말한다. "당신들은 과일 파는 아낙네와 술 파는 남정네가

재판정에서 다투는 것을 오전 내내 듣고 앉아 있지." 그리고 그들과 헤어지는 순간에도 조롱을 이어간다. "이만 물러나겠소. 무식한 평민들의 양치기 노릇이나 하는 당신들과 계속 이야기 했다가는 머리가 돌아버릴 거요(2막 1장 62-63, 85-86)." 로마의 정계에 새로운 목소리, 더 비열하며 폭력을 은근히 조장하는 목소리가 고개를 든다.

볼룸니아는 이제 정치적 기회가 생겼으니 아들이 상황에 맞게 행동하고 정치에 발을 들여 평민의 표를 구하리라고 생각한다. 그러나 그는 어머니의 요구를 처음에는 거부한다. 코리올라누스가 지적하듯, 어쨌든 그 사람들을 "멍청한 종놈, (푼돈으로) 사고팔기 위해서 / 만들어진 물건(3막 2장 9-10)"이라고 부르도록 가르친 사람이 바로 어머니 아니었던가. 아주 어려서부터 그를 지금과 같이 완고하고 성미 급하고 오만한 파괴자로만든 사람이 바로 어머니 아니었던가. 타협하기를 거부하는 것이 그 자신에게도 맞고 그의 양육에도 맞는다. 어머니가 끈질기게 압박하고 나서야 그는 마지못해 출마하겠다고 동의한다.

다른 후보들도 있지만, 전쟁 영웅인 코리올라누스가 압도적이다. 그의 출마는 원로원을 매끄럽게 통과한다. 남은 것은 단하나, 평민으로부터 다수표를 받는 것인데 전투 경험이 워낙화려하고 전리품에 조금도 욕심을 내지 않는다는 점에 비추어보면, 다수표는 사실상 확보된 것처럼 보인다. 단지 형식적으로 평민들 앞에 모습을 드러내고 전투에서 입은 상처들을 보여주기만 하면 된다. 물론 기본적으로는 유권자들이 그를 받아들이지 않을 수 있다. 그가 그들의 친구가 아니라는 것을 유권자들은 매우 잘 알고 있다. 그럼에도 그가 로마에 군사적으로 공헌한 것에 진심으로 감사하여 많은 사람들이 자신들의 계급적 이익에 반해 그에게 표—그들의 "목소리"—를 던질 준비가 되어 있다.

이 희곡에서 부유한 귀족들은 가난한 자들을 벌레처럼 여기지만, 그 반대는 그렇지 않다. 셰익스피어는 도시 곳곳에서 진행되는 대화를 들려주는데, 평민들은 자신의 이익과 의무, 권리와 책임의 균형을 맞추려고 애를 쓴다. "만약에 그가 지지해달라고 요구한다면, 거절할 수는 없을 거요." 한 평민이 말하자 다른 평민이 반대한다. "우리가 마음만 먹으면 그럴 수도 있지요." 그러자 세 번째 시민이 말한다. "우리에게 그렇게 할 힘이 있어도, 그것은 우리가 쓸 수 있는 힘이 아니라네(2막 3장 1–5)." 셰익스피어가 이들을 통해서 묘사하듯이, 자유 선거에는 작지만 소중한 곤혹스러움이 따른다.

이 모든 절차는 모든 당사자가 기본적으로 체제를 존중한다는 점에 의존한다. 간단하다. 코리올라누스는 오래된 관습에 따라 사람들에게 표를 요청해야 한다. 그러나 그는 반민주주의적인 극단주의에 사로잡힌 탓에 이 최소한의 보여주기조차 해내지 못한다. 그는 부유한 원로원 의원들, 자신과 계급과 가치관이 같은 귀족들에게는 자신의 의무를 인정한다. "원로원 의원님들께 진심으로 감사드리며 / 신명을 바쳐 의무를 수행하겠습니다(2막 2장 130-131)." 그러나 평민들에게는 어떤 유대감도 느끼지 않는다.

이때 평민들의 호민관이자 단단히 단련된 전문 정치인들인 시키니우스와 브루투스가 기개 있게 나선다. 셰익스피어는 그들의 동기나 수단을 결코 감상적으로 그리지 않는다. 기본적으로 자기 자리를 지키는 데에 급급하는 이 직업 정치인들은 냉철하고 비열하고 기만적이다. 그들이 대표하는 평민들은 쉽게 흔들린다. 어느 순간에는 전쟁 영웅 코리올라누스에게 환호를 보내고, 다음 순간에는 "그를 타도하라!"라고 외치며 처형이나 추방을 요구한다. 그들은 가망이 없을 정도로 혼란에 빠져 사는 듯하다. 그럼에도 불구하고 호민관은 사람들에게 매우 명백한 진리를 보게 해준다. 코리올라누스가 대변하는 귀족당은 그들의 적이라는 것이다.

호민관들은 코리올라누스가 오만함, 극단주의, 폭력적 기질 때문에 파멸할 것이라고 정확히 계산하고서 정당한 절차가 지켜져야만 한다고 확고히 주장한다. 즉, 모든 후보가 의무적으로 대중에게 지지를 호소하고 표를 얻어야 한다는 것이다. 귀족들은 귀족당의 대변자가 집정관으로 선출되기를 간절히 바라는 마음에, 코리올라누스에게 자존심을 접고 겉치레로라도 대중에게 연설해달라고 간청한다. "저들이 자네를 좋게 평가하도록 / 해야 하네." 메네니우스가 이렇게 말하자 코리올라누스가 불끈한다. "나를 평가한다고? / 엿이나 먹으라고 하지!" "제발, 저 앞에 나가 연설을 하게, 친절한 말투로." 답답해진 메네니우스가 다시 한번 재촉한다. "내가 이렇게 비네." 그러나 그는 빈정거리는 투로 이렇게 대답한다. "저놈들에게 세수하고 / 이빨이나 좀 닦으라고 하지."

어떻게 보아도 코리올라누스의 밉살스러움은 묽어지지 않지만, 이 희곡은 이상하게도 특히 다른 귀족들에 비해 그에게 호의적이다. 귀족들은 그를 당선시킬 목적으로 그에게 완강한 확신을 누그러뜨리라고 재촉한다. 그들이 원하는 것은 그가 거짓말을 하고, 대중에 영합하고, 선동가 역할을 하는 것이다. 일단 집정관이 되고 나면, 진짜 입장을 되찾고 가난한 사람들에게 했던 양보를 철회할 기회가 얼마든지 있을 것이다. 이것은 정말 익숙한 정치 게임이다. 금권 정치가는 모든 특권을 가지고 태어나 속으로는 신분이 낮은 자들을 경멸하지만 선거 운동을 하는 동안에는 포퓰리즘의 수사를 유창하게 구사하며, 목적을 달성하고 나면 즉시 그 모든 미사여구를 버린다. 건설 현장에서 열린 집회에 머리를 말쑥하게 넘긴 정치인이 안전모를 쓰고 나타나는 것과 비슷하게, 로마에서도 정치인들이 관습적으로 하는 행동이 있었다. 공직에 출마한 후보자라면 화려하게 염색한 옷을 잠시 밀쳐두고 하얀 옷, 즉 "겸손하게 보이는 닳아빠진 넝마(2막 1장 222)"를 걸치고서 시장을 방문하는 것이다. 만일 상흔이 있다면, 마치 이력서처럼 그 상처를 사람들에게 보여주며 민중의 표를 끌어들이는 것이다.

코리올라누스에게는 이 모든 쇼가 역겹기만 하다. 그는 당원들이 애원하는 대로 해보려고 애써보지만, 뱃속에서 먹은 것이 올라온다. 그의 표현을 빌리자면, 그는 "어떤 인기인의 매력을 위조해보려고"―즉, 성공한 정치인의 카리스마적인 방식을 모방해보려고― 한다. 그러나 "고개를 끄덕여 환심을 사려는(2막 3장 93-95)" 그의 시도가 너무 조작적이고, 그의 본성도 명백히 달라 성공하지 못한다. 처음에 사람들은 의심을 접고 일단 믿어보는 쪽으로 기울어 그에게 표를 던지겠다고 약속하지만, 집회에서 빠져나올 무렵에는 조롱을 당했다는 불쾌한 느낌에 사로잡힌다. 호민관인 브루투스와 시키니우스는 군중에게 코리올라누스가 "예전부터 항상 여러분의 자유에 / 반대하는 말을 했다(2막 3장 171-172)"고 상기시키며 군중의 불쾌함을 재고, 후회, 지지 철회로 쉽게 바꾼다.

이 일련의 장면은 셰익스피어가 이해한 마구잡이식 정치에 대한 교훈이 된다. 안정적으로 보이는 것이 순식간에 흩어진다. 어느 순간에는 귀족당 의원들이 승리한 것만 같다. 의원들이 충고한 바에 따라 코리올라누스는 시장에 나섰고 필요한 만큼의 "목소리"를 얻어냈다. 그러나 마지막 단계가 남아 있다. 대체로 형식에 불과한 공식 확인이 그것이다. 막다른 상황에 몰린 브루투스와 시키니우스는 이 형식적 절차를 이용해 선거의 모든 과정에 제동을 건다.

그들의 적인 권력자들처럼 호민관도 계산적이고 기만적이다. 셰익스피어는 정치적 묵인이 권력 강탈로 이어질 수 있는데, 민주주의 체제에서 반대파가 너무 도덕적인 나머지 그러한 정치적 묵인에 대응할 수 없다면 폭정을 멈추기가 불가능하다고 생각한 것이 분명하다. 코리올라누스의 부유한 동맹자들은 당선을 위해 실제 견해를 감추어야 한다고 주장한다. 호민관들은 최후의 변심을 유도하고 조직하는 데에 관여했던 자신들의 역할을 은폐해달라고 사람들을 다그친다. 그들은 "잘못을 우리에게 덮어씌우시오(2막 3장 225)"라고 은밀하게 주문한다. 유권자들은 호민관의 압박 때문에 코리올라누스를 지지하기는 했지만, 코리올라누스의 뿌리 깊은 적대감과 조롱을 다시금 떠올려보니 그에 대한 지지를 철회할 수밖에 없다고 주장해야 한다는 것이다.

유권자들이 이 지시를 따르자, 코리올라누스는 격노하여 민주주의를 증오한다고 목소리를 높인다. 귀족들로서는 선거가 끝날 때까지 코리올라누스가 억누르고 있기만을 간절히 바랐던 목소리이다. 그는 다수의 비위를 맞추려고 하면 오히려 "반항, 불손함, 소란(3막 1장 68)"을 부추기게 된다고 주장한다. 가난한 자들은 "홍역"과 같아서, 권력에 조금이라도 다가가게 하면 병을 퍼뜨린다고 말이다. 그의 친구들이 그의 입을 막으려고 애를 쓴다. 그들도 그렇게 생각하지만, 남들 앞에서 대놓고 이야기하고 싶지는 않다. 그러나 코리올라누스는 멈추지 않는다. 그리고 한 나라에 권력이 둘일 수는 없다고 선언한다. 귀족이 평민을 지배하는 것이 마땅하며, 그게 아니라면 사회 질서가 통째로 뒤집힐 것이다. 그리하여 "원로원 의원이 모두 / 평민으로 채워질 것(3막 1장 98-99)"이다. 사회 안전망─굶주림을 막기 위한 구제 곡물의 배급─으로 말하자면, 그것은 단지 "불복종을 조장하고 / 국가의 파멸을 초래하지 않았는가(3막 1장 114-115)." 이 장광설을 들은 호민관 브루투스는 지극히 이성적으로 다음과 같이 묻는다. "왜 평민들은 이렇게 말하는 자에게 자신의 목소리를 주었는가?(3막 1장 115-116)"

코리올라누스가 자제심을 완전히 잃은 덕분에 이번만큼은 진실이 만천하에 드러났다. 온건한 의원들은 국가적인 규모의 위기와 사회적 저항을 피할 수 있는 최소한의 정도로 양보하고 싶어한다. 그들은 국민 투표를 억제하려고 노력하기는 했지만, 적어도 대의제의 외관은 허용했다. 그러나 귀족 계급의 위선과 임시변통을 받아들일 수 없는 코리올라누스에게 "최소한의 정도"도 너무 과하다. 그가 제안하는 적당한 방법은 가난한 자들을 굶주리게 두라는 것이다. 기근이 들면 게으름뱅이가 줄어들고, 끝내 살아남은 자들은 구제 곡물의 배급을 적게 요구하는 자들일 것이다. 그의 생각에 곡물 배급은 평민의 자립심을 꺾기만 하며, 복지 제도는 그 자체가 일종의 마약이다.

귀족들이 용기를 내어 평민들이 그들에게 필요하다고 생각하지만 실은 그들에게 해롭고 국가에도 해로운 것을 없애야 한다고 그는 공공연히 외친다. 다시 말해서, 구제 곡물의 배급을 없애야 할 뿐 아니라 가난한 자들에게 정치적 목소리를 허락하는 호민관 제도를 없애야 한다는 뜻이다. 국민 대의제를 제한하는 것—사실상의 투표 방해, 위협, 선거구 개정 등을 로마식으로 시행하는 것—으로는 부족하다. 코리올라누스는 훨씬 더 극단적인 방법을 제안한다. "다수의 혀를 / 잡아뽑아서 / 그들에게 독이 되는 / 달콤한 것을 핥지 못하게 해야 합니다(3막 1장 152-154)." 본질적으로 코리올라누스는 로마의 제도를 뿌리째 뽑고자 한다.

호민관들은 즉시 코리올라누스를 반역죄로 고발한다. "반역을 시도하고 / 공공 복지를 해하려는 적(3막 1장 171-172)"으로서 그를 체포해야 한다고 그들은 주장한다. 그리고 사실 그의 급진적인 제안은 평민을 위협하는 동시에 지배 계급—이데올로기적 가리개를 신중하게 직조하여 펼쳐놓은 사람들—을 위협하기도 한다. 두 당이 충돌하려는 순간 메네니우스가 애원한다. "양편 모두 진정하시오!" 한 원로원 의원이 충돌이 일어나면 "도시가 허물어지고 모든 것이 잿더미가 될 것"이라고 말한다. 시키니우스가 응수한다. "시민이 없는 도시가 무엇이란 말이오?" 그러자 그의 추종자들이 이 말을 구호로 채택한다. "시민이 도시이다." "시민이 도시이다(3막 1장 177-194)."

내전의 그림자가 밀려온다. 코리올라누스와 귀족당에 군대가 있음에도 숫자는 격분한 민중의 편이다. 귀족당의 장군 코미니우스가 냉정하게 판단한다. "승산이 없습니다." 낙담한 메네니우스가 묻는다. "코리올라누스가 정중하게 나타나 연설을 한다면 어떻겠소?(3막 1장 238, 256)" 그는 다시 한번 유화책을 고려한다. 이번에는 메네니우스가 대동하는 가운데 코리올라누스가 시장으로 돌아가서 스스로 법을 준수하고 자신을 변호하는 것이 어떨까?

코리올라누스를 설득하는 것은 쉬운 일이 아니다. 이번에는 메네니우스와 볼룸니아가 힘을 합친다. 메네니우스처럼 볼룸니아도 고집불통인 코리올라누스가 제발 선출될 때까지만이라도 본심을 숨겼으면 하는데 그러지 못하는 것이 답답하다. "너를 방해할 힘이 저들에게 있어." 그녀가 아들에게 말한다. "그 힘을 빼앗을 때까지 네 속마음을 드러내지 않는다면 / 저들은 큰 걸림돌이 되지는 않아(3막 2장 20-23)." 코리올라누스가 "지옥에나 떨어지라고 해요"라고 대답하자 어머니가 맞장구친다. "아, 그래서 불타버리라고 하지." 그러나 사람들을 저주한다고 해서 문제가 해결되지는 않는다. 그녀의 말에 따르면 현명한 해결책은 단 하나, 지배 계층이라면 누구나 할 줄 아는 일을 코리올라누스가 해내는 것이다.

사람들 앞에 나가 연설하는 것은
평소에 네가 하는 행동이 아니고
네 가슴이 시키는 일도 아니지.

하지만 진심으로 믿지 않을지라도

혀만 놀려서 쓸모 있는 말들을

내뱉어보렴. (3막 2장 52–57)

거짓말이면 어떤가? 다른 사람도 다들 이렇게 한다고 그녀는 아들을 다독인다. "네 아내, 네 아들, 이 의원들, 귀족들 모두 다 말이야(3막 2장 65)."

그가 만든 위기를 해결할 힘은 코리올라누스 본인에게 있다. 그가 치러야 할 대가는 단 한 번만이라도 정치인답게 행동하는 것이다. 그러나 그에게 이 대가는 견딜 수 없으리만치 혹독하다. 코리올라누스라는 인간을 지배하는 모든 성향—타협을 거부하는 옹고집, 어머니가 주입한 자만심과 지배 의식—은 한치의 양보조차 허락하지 않는다. 게다가 지금 자세를 낮추라고 다그치는 것이 다른 사람도 아닌 바로 어머니라는 것 때문에 이 갈등은 더욱 견딜 수가 없다. "제발, 사랑하는 아들아." 그녀가 말한다.

내 칭찬에 힘입어서

네가 군인이 되었다고 했지.

이번에도 이 어미가 아낌없이 칭찬해줄 테니

어색하더라도 그 역할을 수행해다오. (3막 2장 107–110)

저지할 수 있는 출현   225

볼룸니아는 지금 아들의 남성적 자아가 위험에 처해 있으며 아들이 처음부터 어머니를 기쁘게 해주려는 노력 하나로 정체성을 형성해왔음을 완벽하게 잘 알고 있다. 그의 몸을 뒤덮은 상처는 사람들 앞에서 연기하듯 보여주기 위한 것이 절대 아니었다. 그 상처들은 오로지 그녀에게 바친, 그녀를 위한 장식품이었다. 그러나 지금 어머니는 그의 노력이 너무 과했다고 말한다. 하늘이 무너지는 기분이다. "그렇게까지 노력하지 않았어도 / 너는 지금과 같이 멋진 남자가 되었을 게다(3막 2장 19-20)." 더 나아가 그는 어머니의 말에서 훨씬 더 고통스러운 형태의 가학적인 요구를 듣는다. 그가 보기에 어머니는 아들이 거지, 깡패, 울보 학생, 남창이 되기를 바란다. 한술 더 떠서 어머니는 "전쟁에 어울리는 그의 성대"가 "내시와 같은 작은 피리(3막 2장 112-114)"로 바뀌기를 바란다. 그가 말한다. 좋다, 다른 누구도 아닌 어머니를 위해서라면 자신을 거세하는 것도 불사하겠다. "어머니, 시장으로 가겠습니다(3막 2장 131)."

닥쳐보니 그전에 표를 얻으려고 했던 때와 마찬가지로 이번에도 코리올라누스의 정치인 행세는 처참하게 실패한다. 호민관들은 그가 심리적으로 불안정하다는 것을 알고 그의 약점을 철저히 이용한다. 특히 그가 폭군이 되기 위한 이 과정에서 오래된 정치 구조를 공격하지 않았느냐며 맹렬히 비난한다. "무소불위의 독재자가 되어 / 로마의 모든 공직을 / 독점하려고 하지 않았나요?(3막 3장 61-63)" 따라서 당신은 "국민을 배신한 반역자"라고 그들은 선언한다. 반역죄로 고발당하자 그는 또 다시 걷잡을 수 없는 분노에 휩싸이고, 그 결과 그를 도시에서 추방해야 한다는 판결이 내려진다.

성취하고자 했던 것이 이루어지자 호민관들은 전략적으로 후퇴한다. 한 사람이 이렇게 말한다. "이번 일이 끝난 후에는 / 한동안 몸을 낮추고 / 처신을 잘해야 하네(4막 2장 3-5)." 이 희곡이 비록 호민관들을 항상 교활하게 묘사하지만, 그들이 진실과 먼 것은 아니다. 실제로 귀족들 앞에서 코리올라누스는 평민의 선거권을 빼앗아야 한다고 주장했다. 만일 그가 집정관으로 선출된다면 그 생각을 바로 실행에 옮겼을 것이 분명하다. 심지어 그가 추방된 뒤에도 위협은 끝나지 않는다. 로마의 첩자가 볼스키족과 접촉할 때 이렇게 말한다. "귀족들이 평민에게서 모든 권한을 빼앗고 호민관을 영원히 제거하려고 혈안이 되어 있소(4막 3장 19-21)."

이 상류 계급의 음모가 당황스럽게도, 코리올라누스가 추방된 뒤로 로마는 모든 사람에게 더없이 살기 좋은 곳이 되었다. 시위와 폭동이 물러가고 시민들은 천하태평의 표본으로 변한다. 한 호민관은 이 평화와 조용함 때문에 코리올라누스의 귀족 친구들이 낯을 붉히게 되었다고 조심스럽게 이야기한다.

세상이 이렇게 잘 돌아가다니,
그 양반들은 비록 자기들이 조금 고생하더라도

평민들이 거리를 휩쓸면서 몰려다니기를 바랐을 거네.

그런데 상인들이 가게에서 노래를 부르며

행복하게 일하는 것을 보게 될 줄이야. (4막 6장 5-9)

이것은 예상과 다르지만 익숙한 모습이다. 특권을 가진 당은 국가의 질서를 유지하기 위해서는 독재 권력이 필요하다고 주장한다. 코리올라누스도 지배 계급을 옹호하여 사람들에게 이렇게 말한다. "고귀한 원로원이 있어야…… / 신들의 가호를 받으며 여러분이 경외심을 잃지 않을 것이오. / 그렇지 않으면 서로 물어뜯어 죽일 것이 분명하오(1막 2장 177-179)." 그러나 결국 부자들의 생각이 틀렸다고 입증되었을 때—부자와 빈자를 모두 포함하여 국가는 더욱더 민주주의적인 체제에서 번영한다는 것이 밝혀졌을 때—부자들은 진압하겠노라고 큰소리쳤던 무질서를 갈망하게 된다.

한편 코리올라누스는 어떻게 되었을까? 로마를 위해서 고귀한 피를 그토록 많이 흘린 자신이 공화국을 배신한 반역자—앞에서 보았던, 볼스키족에게 정보를 제공하는 하류 계급 출신의 첩자와 같은 존재—로 기소되자 그는 분통을 터뜨린다. 그러나 추방된 이후에 코리올라누스가 의지하는 사람이 바로 볼스키족이다. 그가 말한다. "고향이 싫다. / 이 적의 도시에 / 애정이 간다(4막 4장 23-24)."

이 의외의 반전은 찬찬히 생각해볼 가치가 있다. 이 상황은 마치 오랫동안 러시아를 증오하던—시시때때로 무력을 과시하고 정적을 반역자라고 비난하던—정당 지도자가 비밀리에 모스크바로 가서 크렘린 궁을 위해 일하는 것과 비슷하다. 코리올라누스의 호전적인 영웅심이 어디에서 비롯되었든 간에, 분명 그 원천은 국민에 대한 사랑이 아니었고 로마라는 추상적 이념에 대한 충성은 더욱 아니었다. 한때 그는 귀족을 동지로 알고 유대감을 느꼈지만, 그가 보기에 귀족 계급은 자신을 저버리고 "노예 놈들이 외치는 대로 / 로마에서 쫓겨나게(4막 5장 76-77)" 했다. 원한에 찬 그의 말을 통해서 우리는 그가 고향을 어떻게 생각하는지 분명히 알 수 있다. 평민은 그가 표를 부탁해야 하는 계층이지만 모두 "노예 놈들"이고, "비겁한 귀족"은 중대한 순간 그의 굴욕적인 추방을 막기 위해서 거리를 피로 물들여야 하건만 이를 거부한 겁쟁이들이다. 이제 그는 "양심이 마비된 조국(4막 5장 74, 90)"에 복수하는 것을 꿈꾼다.

코리올라누스가 볼스키족의 수도인 안티움에 도착할 때, 그는 적장인 툴리우스 아우피디우스의 손에 즉시 죽을 수도 있다. 이미 많은 피를 흘렸기 때문이다. 그러나 아우피디우스는 코리올라누스가 옛 동포들을 향해서 품고 있는 분노를 이용할 수 있겠다는 생각을 한다. "만인이 존경하는 장군." 아우피디우스는 그를 이렇게 부르면서 볼스키 군대의 절반을 지휘할 권한과 군사 행동을 구상할 권한을 부여한다. "장군보다 노련한 자는 없을 것이오. 조국의 장단점이나 장군이 손수 고안한 전략들을 / 훤히 알고 있겠구려(4막 5장 138-139)."

코리올라누스가 조국을 배신했으며 그가 지휘하는 공격이 임박했다는 소문이 로마에 돌기 시작하자, 처음에 호민관들은 그 말을 믿으려고 하지 않는다. 도시가 평화롭고 나날이 번영하는 마당에 그런 소문은 귀족당의 어느 분파가 지어낸 가짜 뉴스라고 생각한다. 코리올라투스가 돌아오기를 "바라는 나약한 자들이 그런 소문을 퍼뜨리는 것(4막 6장 70)"이라고 말이다. 심지어 메네니우스도 소문의 진위가 의심스럽다고 믿는다. 철천지원수인 코리올라누스와 아우피디우스가 동맹을 맺는다니 말도 되지 않는다. 그러나 적군이 접근하고 있다는 것이 가짜 뉴스가 아님이 분명해지자 귀족들은 현명하게 대응한다. 그들은 목소리 높여 코리올라누스의 반역 행위를 비난하거나 그가 자기 입으로 사랑하고 지키겠다고 공언한 모든 것을 헌신짝처럼 내버렸다고 욕하지 않는다. 그 대신에 귀족들은 평민을 향해서 날을 세운다. "아주 잘했소이다, 당신들 / 그리고 비천한 노동자들." 메네니우스가 호민관들에게 조롱을 퍼붓는다. "마늘 냄새를 풍기며 노동하는 / 평민들의 목소리를 / 구걸하는 당신들(4막 6장 95-98)." 이는 모두 노동자들—지독한 입냄새와 기어코 목소리를 내야겠다는 주제넘은 고집—의 잘못이다. 로마를 배신한 것은 코리올라누스가 아니라 그들이다.

호민관들은 유권자들을 안심시키고자 애를 쓴다. "걱정하지 마시오." 호민관들은 그 무시무시한 소문이 "두려워하는 것처럼 보이지만 실제로는 그런 일이 일어나기를 속으로 바라는(4막 6장 149-151)" 파벌로부터 나온 것이라고 말한다. 귀족당이 평민을 미워한 나머지 사악하게도 코리올라누스의 반역을 환영하는 것이라는 호민관들의 지적은 정당하지만, 평민들이 두려워하는 것도 정당하다. 희곡은 역사 수정주의의 즉각적인 탄생을 냉소적으로 보여준다. 평민 한 사람이 말한다. "코리올라누스를 추방할 때 나는 그 일이 잘못이라고 말했어요." 그러자 다른 평민이 냉큼 덧붙인다. "우리 모두 그랬지요."

연극이 절정에 이르는 5막에서 셰익스피어는 코리올라누스가 로마나 귀족당에 조금도 충성하지 않고, 심지어 친구인 코미니우스나 양부인 메네니우스 또는 아내 버질리아에게도 신의가 전혀 없다는 것을 확실히 보여준다. 코리올라누스가 아내에게 말한다. "나의 폭정을 용서하시오. 하지만 그 때문에 '우리 로마를 용서하세요'라고는 말하지 마시오(5막 3장 43-44)." 그는 타협을 완강히 거부한다. 볼스키족 군대의 수장으로서 코리올라누스는 무자비한 파괴의 신처럼 로마의 성문 앞에 진을 친 뒤, 이제 곧 도시를 완전히 태워버리고 남자들의 목을 베고 여자와 아이들을 노예로 끌고 가려고 한다. 그렇게 하지 않는 것은 순전히 어머니의 탄원 때문이다. 코리올라누스는 볼룸니아가 그 앞에 무릎을 꿇고 애원하는 동시에 꾸짖자 움찔 놀란다. 그녀는 마치 그녀가 아니라 볼스키족이 코리올라누스를 낳은 것 같다고 말한다. "이자는 볼스키족 어머니에게서 나왔구

저지할 수 있는 출현   231

나(5막 3장 178)." 이 호소에 얼음장 같던 그의 마음이 녹아내린다. "오, 어머니, 어머니! / 무슨 말씀을 그리 하십니까?(5막 3장 182-183)" 코리올라누스는 도시를 파괴하지 않고 평화 협정을 선택한다.

로마는 화를 면했지만, 코리올라누스를 위한 당당한 개선식은 열리지 않는다. 어쨌든 그는 로마를 멸망시킬 뻔한 인물이다. 그는 형편이 위태롭다는 것을 알면서도 볼스키족의 도시 안티움을 돌아가기로 한다. 그는 어머니에게 이렇게 말한다. "어머니는 로마에 행복한 승리를 안겨주었지요. 하지만 당신 아들에게는, 오 정말이지 / 당신 아들을 굴복시킨 것이 정말 위험한 일이지요(5막 3장 186-188)."

아우피디우스는 과거의 적에게 권력과 신뢰를 나누어줄 마음이 조금도 없기 때문에 즉시 코리올라누스를 죽이기 위해서 음모를 꾸미기 시작한다. 그로서는 빨리 움직일 필요가 있다. 이 로마 장군은 볼스키족에게, 그의 표현을 빌리자면 '명예로운 평화'를 안겨준 탓에 인기가 높기 때문이다. 코리올라누스가 볼스키족 원로원에 평화 협정서를 제출하려고 하자 아우피디우스가 그를 가로막는다.

귀족 여러분, 그 협정서를 읽지 마시오. 그리고 이 반역자에게
그가 어떤 대역죄를 저질렀으며 여러분의 권한을
어떻게 악용했는지 말해주시오. (5막 6장 83-85)

로마인이나 볼스키족이나 다를 바가 없다. 코리올라누스는 자신이 반역죄로 고발되었다는 소식을 듣는다. 그는 또다시 그 말을 듣고 분개하지만, 이번에는 타협에 나설 귀족 친구도 없고, 선고를 가볍게 할 그 어떤 수도 보이지 않는다. 아우피디우스는 볼스키족에게 그들이 진심으로 충성해야 할 도시가 어디인지를 일깨운다. 아니, 그보다는 볼스키족이 잃어버린 것들을 상기시킨다는 표현이 정확하다. 군중은 저마다 코리올라누스에게 죽임을 당한 누군가를 떠올리면서 이렇게 외친다. "저놈을 찢어 죽여라! 저놈이 나의 아들을 죽였다! 나의 딸을 죽였어! 저놈이 나의 사촌 마르쿠스를 죽였다! 나의 아버지를 죽였어!" 공모자들이 검을 들고 그에게 다가올 때 코리올라누스가 들은 마지막 말에는 그의 잔인한 업적이 요약되어 있다. "저놈을 죽여라, 죽여라, 죽여라, 죽여라, 죽여라!(5막 6장 120−129)"

연극이 절정에 이를 때 코리올라누스의 파괴적인 힘으로부터 로마를 구한 것은 폭군 자신의 성격이다. 그를 폭군으로 만들었던 심리적 손상이 결국에는 그를 원상태로 돌린다. "나의 아들보다 / 이 어미와 더 끈끈하게 묶인 사람은 어디에도 없답니다(5막 3장 158−159)." 원로원 의원들은 감사하는 마음에 사람들에게 코리올라누스의 어머니를 로마의 영웅이자 구원자로 떠받들자고 설득한다. 그러나 성문 앞이 마지막 장면으로 나오기 훨씬 전에 이미 결정적으로 로마를 폭정에서 구한 것은 호민관, 즉 사람들을 일으켜 세워 행동하게 만든 직업 정치인이었다. 이 공무원들은 비열하고 이기적이어서 민주주의적인 의회나 국회라면 어디에나 있는 밉살스러운 전문 정치인과 비슷한데, 그럼에도 불구하고 그들은 약자를 괴롭히는 무장에 맞서는 동시에 보통 사람들—장인과 식료품 상인, 노동자와 짐꾼—에게 그들의 권리를 강하게 일깨워주며 투표를 재고하게 했다. 그들의 완강한 주장과 약삭빠른 술책이 없었다면, 로마는 "누구의 간섭도 받지 않는 / 절대 권력자(4막 6장 33-34)"의 수중에 떨어졌을 것이다. 그들을 기리는 조각상은 없지만, 도시의 진정한 구원자는 그들이다.

결론

이 모든 일은 아주 오래 전, 정치 체제가 매우 달랐던 사회, 다시 말해서 표현의 자유와 민주주의 기본 원리가 헌법에 명시되지 않았던 사회에서 일어났다. 셰익스피어가 어렸을 때 부유한 가톨릭교도인 존 펠턴은 교황 칙서의 사본을 게시하고 "여왕은 영국의 진짜 여왕이 아니었다"라고 주장한 죄로 거열형(능지처참)을 당했다. 수년 후 청도교인 존 스터브스는 소책자를 써서 여왕이 프랑스 가톨릭교도에게 청혼한 것을 비난한 죄로 오른손을 잘리는 형벌을 받았다. 이 소책자를 배포한 사람도 그와 비슷한 불구가 되었다. 행정 당국이 유죄로 판결한 말이나 글에 대해서 상당히 심하게 처벌하는 관행은 여왕 엘리자베스 1세와 국왕 제임스 1세의 통치 기간 내내 계속되었다.

셰익스피어는 분명 그 무시무시한 현장에 적어도 몇 번은 가

보았을 것이다. 그 광경들은 허용되는 표현의 엄격한 경계를 분명히 표시할 뿐 아니라 견딜 수 없는 통증과 고통의 순간에 여실히 드러나는 인간의 성격을 셰익스피어에게 보여주었을 것이다. 그리고 그는 또한 군중의 두려움과 욕망, 즉 극작가의 글바구니에 담겨 있던 바로 그 격정들을 오감으로 느꼈을 것이다. 그의 예술적인 능력은 사람들로부터 나왔다. 그가 세운 목표는 동인 작가가 되어 어느 세련된 후원자의 식솔로 들어가는 것이 아니라, 대중을 끌어들여 강렬한 전율을 제공하고 그 대가로 푼돈을 받는 것이었다.[20]

그러한 전율은 종종 위반에 가까웠고, 그래서 도덕론자, 성직자, 공무원들은 런던에 있는 모든 극장을 폐쇄해야 한다고 매일 목소리를 높였다. 그러나 셰익스피어는 위험이 어디에 있는지를 이해하고 있었다. "글쓰기, 인쇄, 설교, 연설, 특별한 표현이나 말을 통해서" 군주가 "이단자, 교회 분리론자, 폭군, 불신자, 왕위 찬탈자"라고 주장하면, 즉시 반역자가 된다는 것을 그는 확실히 알고 있었다. 또한 당대의 유력 인사나 민감한 쟁점을 비판적으로 다루는 일은 매력적이지만 동시에 위험하다는 것도 알고 있었다. 그의 동료인 토머스 내시는 선동죄로 체포 영장이 발부되자 도망쳤고, 벤 존슨도 비슷한 죄목으로 수감되어 비참하게 살았고, 토머스 키드는 동거인인 크리스토퍼 말로가 조사받는 과정에서 고문을 당한 직후에 죽었으며, 말로는 여왕의 비밀 요원에게 칼에 찔려 사망했다. 신중하게 다루는 것이 무엇보다도 중요했다.

비스듬한 시선의 대가인 셰익스피어는 신중함을 잃지 않고 당면한 상황에서 멀리 떨어진 곳에 상상력을 투사했다. 그리고 감옥을 피하는 것이 그의 유일한 동기는 아니었다. 그는 이 영주나 저 주교의 권위에 흠집 내기를 좋아하는 불평분자가 아니었고, 군주에 도전하거나 소란을 일으키려는 위험인물은 더더욱 아니었다. 셰익스피어는 꾸준한 극장 수입, 부동산 투자, 물품 거래, 이따금 몰래 하는 대부업으로 순조롭게 부자가 되고 있었다. 무질서는 그의 관심사가 아니었다. 그는 모든 작품에서 기성 지도자를 향한 폭력, 심지어 어쩌면 특히나 이른바 도덕적 폭력을 깊이 혐오했다.

그러나 그는 또한 "순종에 대한 설교"처럼, 정부의 장려 아래 많은 글 속에 되풀이되는 상투적인 문구들, 즉 선거와 처형 같은 공식 행사에서 웅변가들이 앵무처럼 읊조리고, 더 큰 성직록을 받고 싶어 안달하는 기회주의적인 성직자들이 장황하게 뜻풀이하는 문구들도 몹시 싫어했다. 아마도 셰익스피어는 공개적인 전략—권력가들을 공개적으로 찬양하고 극심한 경제적 불평등을 적극적으로 부정하며 신에게 무조건 상류층 사람들을 지지해달라고 당파적으로 기도하고 가장 온건한 회의주의자까지도 악마화하는 등의 방식—이 의도와 반대되는 효과를 낳는다고 생각했을 것이다. 그런 전략은 단지 포괄적인 가치 체계—누가 고귀하고 누가 비천한가, 무엇이 선한 것이고

결론

무엇이 악한 것인가, 진실과 거짓의 경계를 어디에 그어야 하는가―가 거대한 사기라는 느낌을 강화하기만 하기 때문이다. 거의 100년 전에 이 문제를 가장 명확하게 파헤친 사람이 있다. 다름 아닌 토머스 모어 경으로, 셰익스피어도 리처드 3세의 초상을 그릴 때 그에게서 많은 것을 빌려왔다. 『유토피아*Utopia*』에서 모어는 이렇게 말했다. "근대 세계를 지배하는 어떤 사회 체계를 고찰하더라도 맹세하건대, 그 체계는 부자들이 공모한 것이 아닌 다른 어떤 것으로도 보이지 않는다."

셰익스피어는 말해야 하는 것을 말하는 방법을 발견했다. 그는 인물을 무대에 세워 2,000명의 청자―그중에는 정부의 요원도 있었다―에게 "개도 감투를 쓰면 모두가 복종한다"라고 말하게 했던 것이다. 가난한 자들은 잔인하게 처벌받는 행위가 부자들에게는 아무것도 아니다. 그의 인물이 계속해서 말했다.

죄악에 황금을 두르면 단단한 정의의 창도
흠집 하나 내지 못하고 부러져버린다.
죄악에 넝마를 두르면 난쟁이족의 지푸라기로도
쉽게 뚫을 수 있지.

만약에 이 같은 말을 술집에서 했다면 분명 그 사람의 귀는 잘렸을 것이다. 그러나 이 말을 매일 대중 앞에서 외쳐도 경찰은 단 한 번도 출동하지 않았다. 왜 그랬을까? 광기에 빠진 리어 왕이 내뱉은 말이었기 때문이다(『리어 왕』 4막 5장 155-157, 160-161).

앞에서 보았듯이 셰익스피어는 자신의 전 생애에 걸쳐 공동체가 어떻게 붕괴하는지를 보면서 숙고했다. 인간의 성격을 더없이 예리하게 지각하는 능력과 모든 선동가가 시샘할 법한 수사적 능력을 겸비한 그는 동시대 사람들의 가장 저속한 본능에 호소하고 가장 깊은 불안에 의지해서 난세에 두각을 나타내는 인간의 모습을 솜씨 있게 그려냈다. 그는 격렬한 파벌 정치에서 헤어나오지 못하는 사회가 특히 기만적인 포퓰리즘에 빠지기 쉽다고 보았다. 또한 그런 사회에는 항상 독재의 야망을 부추기는 선동가가 있고 그 야망에 딸린 위험을 알면서도 자신이 독재자를 제어할 수 있으며 폭군이 기성 제도를 파괴하는 과정에서 자신이 이익을 보리라고 생각하는 조력자가 있다고 생각했다.

이 극작가는 대개 행정관리 능력도 갖추지 못하고 건설적인 변화의 전망도 없는 독재자가 실제로 권력을 쥘 때 그로 인해서 발생하는 혼돈 상태를 반복적으로 묘사했다. 심지어 비교적 건강하고 안정된 사회일지라도 충분히 무자비하고 비양심적인 사람으로 인해서 발생하는 피해와 손상을 막을 자원은 부족하기 마련이며, 또한 정통 군주가 불안정하고 비이성적인 행동의 신호를 보이기 시작할 때 그에 효과적으로 대처할 만큼 제도가 잘 갖추어진 경우도 드물다고 그는 생각했다.

결론

셰익스피어는 독재자의 수중에 들어간 사회가 맞이하는 끔찍한 결과에서 결코 눈을 돌리지 않았다. 맥베스의 스코틀랜드에서 한 인물은 이렇게 한탄한다.

아아, 불쌍하다, 이 나라여. 너무 겁을 먹은 나머지
네 자신이 누구인지 알아보지도 못하는구나.
우리의 어머니가 아니라 무덤이라고 불릴 수밖에 없는 나라.
아무것도 모르는 자 외에는 그 누구에게서도
미소 짓는 표정을 볼 수가 없고
한숨과 신음과 비명이 무심한 귀를 지나 허공을 찢는 나라.
난폭한 슬픔이 일상의 감정이 된 나라.
(『맥베스』 4막 3장 165-170)

그뿐 아니라 셰익스피어는 그러한 고통의 근원을 제거하는 과정에서 겪을 수밖에 없는 폭력과 고통을 빠짐없이 기록했다. 그러나 희망을 포기하지는 않았다. 셰익스피어는 앞으로 나아가는 방법이 암살이 아니라고 생각했다. 그가 보기에 그런 극단적인 수단에 의지하면, 막고자 하는 바로 그 결과를 세상에 내놓게 된다. 대신에 그가 말년에 이르러 상상했듯이, 최고의 희망은 공동체적인 삶이 완전히 예측 불가능하다는 점, 사람들이 어느 한 사람의 명령에 따라 발맞추어 행진하기를 거부한다는 점에 있다. 연극 안에는 항상 헤아릴 수 없이 많은 요소가 존재해서 브루투스 같은 이상주의자나 맥베스 같은 독재자가 사건의 흐름을 완전히 장악하거나 맥베스 부인이 꿈꾸듯이 "지금 여기에서 미래를 보는(1막 5장 56)" 것은 불가능하다.

극작가로서 셰익스피어는 이 예측 불가능성을 누구보다 멋지게 활용했다. 그가 쓴 작품들은 다수의 줄거리를 엮어서 꼬고, 왕과 광대를 뒤섞어 놓고, 일반적인 예상을 수시로 뛰어넘고, 배우와 관객에게 해석의 여지를 넉넉히 허용했다. 이 연극적 방법의 바탕에는 관객이 아무리 다양하고 무작위적일지라도 종국에는 모든 것을 이해하리라는 기본적인 신뢰가 깔려 있었다. 셰익스피어와 같은 시대에 활동한 벤 존슨은 관객이 연극을 평가할 수 있는 수준이 좌석값이 얼마인지에 달려 있다는 기발한 견해를 퍼뜨린 적이 있다. "6펜스, 12펜스, 혹은 18펜스, 2실링, 반 크라운 등 관객은 좌석의 값에 걸맞게 연극을 판단한다는 것이 합리적일 것이다."[21] 이 견해는 셰익스피어의 생각과는 거리가 한참 멀다. 셰익스피어의 확신에 따르면, 극장에 온 사람은 견해를 형성할 권리를 모두 동등하게 가지며, 아무리 혼란스러워도 결과를 종합하면 사업이 성공했는지 실패했는지의 여부가 확실히 드러난다.

로마가 독재 정치를 아슬아슬하게 피하는 『코리올라누스』의 장면에서도 그와 비슷한 확신이 빛을 발한다. 사건, 여러 가지 혼란스러운 원인—폭력적인 영웅의 심리적 불안정, 어머니의 영향력, 시민에게 부여된 약간의 참정권, 유권자와 그들이 선

출한 지도자의 행동—때문에 폭정이 가로막히고 말았던 장면
말이다. 셰익스피어는 우리가 이 지도자들을 쉽게 의심하며, 지
도자들에게 신뢰를 보내는 너무나 인간적인 사람들에게 쉽게
실망한다는 것을 알고 있었다. 그 지도자들은 타협하고 타락
하는 경우가 빈번하다. 그와 동시에 군중은 종종 어리석고 배
은망덕하고 선동가에게 잘 현혹되며 자신의 이익이 무엇인지
를 더디게 이해한다. 간혹 가장 비열한 자들의 가장 잔인한 동
기가 승리하는 것처럼 보일 때가 있다. 그런 승리가 때로는 오
래 지속되기도 한다. 그러나 독재자와 그 앞잡이들은 그들 자
신의 사악함 때문에 균열되며, 억압할 수는 있지만 완전히 진
압할 수 없는 민중의 정신에 압도되어 반드시 파멸한다고 셰익
스피어는 믿었다. 그는 사회 집단이 품위를 되찾을 가장 큰 가
능성은 평범한 시민들의 정치적 행동에 있다고 생각했다. 큰
소리로 독재자를 지지하라고 옆에서 부추겨도 끝까지 침묵하
는 사람들, 사악한 주인이 포로를 고문하지 못하게 막아서는
하인, 경제적 정의를 요구하는 굶주린 시민들을 셰익스피어는
결코 못 보고 지나치지 않았다. "시민이 없는 도시가 무엇이란
말인가?"

감사의 글

마치 100년이 흐른 듯한데 실은 그리 오래되지 않은 어느 날, 나는 사르데냐의 어느 푸르른 정원에 앉아 다가오는 선거가 위험한 결과로 끝날 수 있다는 사실이 갈수록 두려워진다고 말했다. 나의 친구이자 역사학자인 베른하르트 유선은 그래서 내가 무엇을 하고 있느냐고 물었다. 내가 "뭘 할 수 있을까?"라고 되묻자 친구는 "글을 쓰면 되지"라고 말했다. 하여 나는 글을 썼다.

그 대화가 이 작은 책의 씨앗이었다. 그리고 얼마 후 선거를 통해서 나의 끔찍한 두려움이 현실이 되었을 때 아내 레이미 타고프와 아들 해리는 저녁 식사를 하다가, 내가 한창 숙고하던 주제인 셰익스피어와 정치의 기이한 관계에 대해서 내가 하는 말에 귀를 기울였다. 그리고 두 사람은 흥미로운 표정으로 주제를 깊이 탐구해보라며 나를 부추겼다. 하여 나는 이 주제를 깊이 파고들었다.

재능이 넘치는 문예사가 미샤 테라무라에게 뜨거운 감사를 보낸다. 그는 셰익스피어의 『리처드 2세』와 에식스 백작의 파멸 간의 뒤얽힌 관계를 이해할 수 있도록 도와주었고, 더 나아가 이 책의 각 장에 대해서 날카로운 동시에 도움이 되는 의견을 나누어주었다. 또한 너그러우면서도 엄밀한 눈으로 원고 전체를 읽어준 제프리 냅에게 감사드린다. 니컬러스 우치히와 베일리 신콕스는 튜더 왕조의 반역죄와 폭정에 관한 연극을 조사하여 나에게 큰 도움을 주었다. 친구이자 종종 가르침을 주는 두 동료, 루크 메넌드와 조지프 쾨르너는 지칠 줄 모르는 애정의 힘으로 강의실 안팎에서 나에게 영감을 불어넣었다.

이번에도 감사의 표현을 잊지 말아야 할 사람이 무수히 많다. 특히, 하워드 제이컵슨, 메그 쾨르너, 토머스 라쿼, 시그리드 라우싱, 마이클 섹스턴, 제임스 셔피로, 그리고 마이클 위트모어에게 감사드린다. 전 세계에 퍼져 있는 셰익스피어 학자들이 나와 교류하며 도움을 주고 있다. 다음은 간추린 명단이다. F. 머리 에이브러햄, 엘리오 알베스, 존 앤드루스, 올리버 아널드, 조너선 베이트, 사울 바시, 사이먼 러셀 빌, 캐서린 벨지, 데이비드 버거론, 데이비드 베빙턴, 마리암 베야드, 마크 버넷, 윌리엄 캐럴, 로제 샤르티에, 월터 코언, 로지 콜롬보, 브래딘 코맥, 조너선 크루, 브라이언 커밍스, 트루디 다비, 앤서니 도슨,

마그레타 데 그라치아, 마리아 델 사피오, 조너선 돌리모어, 존 드래커키스, 캐서린 에거트, 라스 엥글, 루카스 언, 이완 퍼니, 메리 플로이드-윌슨, 인디라 고즈, 호세 곤살레스, 수잰 고싯, 휴 그래디, 리처드 핼펀, 조너선 길 해리스, 엘리자베스 핸슨, 히로타 아츠히로, 레마 호카마, 피터 홀랜드, 진 하워드, 피터 흄, 글렌 허친슨, 그레이스 이오폴로, 페라 카림-쿠퍼, 데이비드 카스탄, 가츠야마 다카유키, 필리파 켈리, 고유진, 폴 코트먼, 토니 쿠슈너, 프랑수아 라로크, 조지 로건, 줄리아 럽턴, 로리 매과이어, 로런스 맨리, 리아 마커스, 캐서린 모스, 리처드 매코이, 고든 맥멀런, 스티븐 멀레이니, 캐런 뉴먼, 조리커 니콜릭, 스티븐 오글, 게일 패스터, 로이스 포터, 피터 플랫, 리처드 윌슨, 메리 베스 로즈, 마크 라일런스, 엘리자베스 새밋, 데이비드 샬크윅, 마이클 쇤펠트, 마이클 섹스턴, 윌리엄 셔먼, 데버라 슈거, 제임스 지몬, 제임스 심프슨, 퀜틴 스키너, 에마 스미스, 티퍼니 스턴, 리처드 스트리어, 홀거 쇼트 사임, 고든 테스키, 아이아나 톰프슨, 스탠리 웰스, 벤저민 우드링, 그리고 데이비드 우턴. 물론 이 책에 실수가 있다면 그것은 전적으로 나의 책임이다.

오브리 에버렛은 놀라운 재능, 깊은 사고력과 유능함을 겸비한 조교였다. 노턴 출판사의 눈썰미 있는 편집자 돈 리프킨은 가치 있는 많은 제안으로 책의 수준을 높여주었으며, 베일리 신콕스도 마찬가지였다. 내 인생 최고의 에이전트 질 니림과 최고의 편집자 앨런 메이슨에게 이 기회에 다시 한번 깊은 감사를 표한다. 또한 이 책의 집필을 격려해준 라미 타고프의 역할을 다시 한번 언급하지 않을 수 없다. 마지막으로 라미를 포함한 나의 아름답고 견고한 가족에게 사랑의 마음을 전한다.

주

1 뷰캐넌의 글은 다음에서 인용했다. George Buchanan, *A Dialogue on the Law of Kingship Among the Scots : A Critical Edition and Translation of George Buchanan's "De Iure Regni apud Scotos Dialogus,"* trans. Roger A. Mason and Martin S. Smith (Aldershot, U.K. : Ashgate, 2004).

2 법령에 따르면(「반역법[Treasons Act]」, 26 Henry VIII, c. 13, 「영국법 [*Statutes of the Realm*]」, 3.508), "명시적인 글이나 말로 국왕"이 분리 주의자, 폭군, 이교도 혹은 왕위 찬탈자라는 내용을 "불명예스럽고 악의적으로 출판하거나 선언하는 것"은 반역이었다.

3 다음을 보라. Misha Teramura, "Richard Topcliffe's Informant : New Light on *The Isle of Dogs*," in *Review of English Studies,* new series, 68 (2016), pp. 43-59. 이름만 들어도 역겨운 리처드 톱클리프(Richard Topcliffe, 엘리자베스 1세 시대에 사제를 사냥하고 고문한 정부 조사관/역주)는 가학적인 성향 때문에 모든 사람이 두려워하고 증오 하는 악명 높은 심문자였다. 톱클리프에게 고문을 받았던 가톨릭교 도 존 제러드(John Gerard)는 그를 "잉글랜드를 통틀어 가장 잔인한 자"(46)라고 묘사했다. 훌륭하게 작성된 테라무라(Misha Teramura)의

탐정 연구서에서는 『개들의 섬』의 경우 주요 정보원이 윌리엄 유돌 (William Udall)이라는 건달이었다고 밝힌다.

4 셰익스피어의 모든 글은 다음에서 인용했다. *The Norton Shakespeare,* 3rd ed., ed. Stephen Greenblatt et al. (New York : W. W. Norton, 2016). 셰익스피어의 희곡들 중에 약 절반은 저작권이 있는 두 종류 의 판본, 즉 4절판과 2절판이 존재한다. 특별히 언급한 경우를 제외 하고 인용문은 모두 2절판 초판에서 가져왔다(『노튼 셰익스피어[*The Norton Shakespeare*]』의 인터넷 페이지에서 두 판본을 볼 수 있다).

5 Derek Wilson, *Sir Francis Walsingham : A Courtier in an Age of Terror* (New York : Carroll and Graf, 2007), pp. 179−80.

6 "여왕의 종교 정책에 관하여(On the Religious Policies of the Queen, 크리토이[Critoy]에게 보낸 편지)." 이 편지에 서명된 이름은 월싱엄 이지만, 실제로는 프랜시스 베이컨이 쓴 것이 분명하다. 1592년에 작 성되었지으나 1861년이 되어서야 출판된 『한 명예훼손죄에 관한 기 록(*Notes upon a Libel*)』에 이 편지가 실려 있다. 편지의 저자는 엘리 자베스 1세를 다음과 같이 묘사한다. "과잉된 감정이 흘러넘쳐서 공 공연하고 명백한 행동이나 단언이 되는 경우를 제외하고는 사람들 의 감정과 은밀한 생각을 들여다보는 일을 좋아하지 않으며, 여왕 폐 하의 최고 권력을 분명하고 악의적으로 비난하거나 공격하면서 또 는 외국 관할권을 주장하고 찬양하면서 명백히 불복종하는 것만을 억제하기 위해 법을 완화했다." 다음을 보라. Francis Bacon, *Early Writings : 1584−1596,* in *The Oxford Francis Bacon,* ed. Alan Stewart with Harriet Knight (Oxford : Clarendon, 2012) 1:35−36.

7 코모 추기경의 1580년 12월 12일 자 편지, 1580년. Alison Plowden, *Danger to Elizabeth : The Catholics Under Elizabeth I* (New York : Stein and Day, 1973). Cf. Wilson, *Walsingham,* p. 105.

8 Wilson, *Walsingham,* p. 121.

9 F. G. Emmison, *Elizabethan Life : Disorder* (Chelmsford, U.K. : Essex County Council, 1970), pp. 57−58.

10 John Guy, *Elizabeth : The Forgotten Years* (New York : Viking, 2016), p. 364.

11 극작가들은 위험하기는 해도 엘리자베스 1세를 비유적으로 칭찬할 수 있었다. 예를 들어 『한여름 밤의 꿈』에서 오베론은 큐피드의 화살을 피한 "대영제국을 대표하는 여성 신봉자"라는 말을 한다. 토머스 데커(Thomas Dekker)의 희곡 『제화공의 휴일(*Shoemakers' Holiday*)』 (1600)에는 유명인이 여왕으로 나와 깜짝 연기를 보여준다.

12 Peter Lake, *How Shakespeare Put Politics on the Stage : Power and Succession in the History Plays* (New Haven and London : Yale University Press, 2016). 역사학자 피터 레이크(Peter Lake)는 셰익스피어가 『헨리 5세』를 쓸 무렵 "명백히 에식스 백작에게 초점을 맞춘 의제"를 채택하고 있었다고 상세히 주장한다. 그 의제란 "국가의 통일을 중심으로 하고, 악의에 찬 교황주의자는 아닐지라도 해외에서 위협을 가하는 가톨릭 세력에 대한 전쟁을 통해서 군주제의 정당성을 되찾는 것"이다. 레이크는 다음과 같이 마무리한다. "정치적으로 옳거나 적어도 정치와 관련하여 옳을 필요는 없다. 필요한 것은 오래가는 희곡을 쓰는 것이다"(603).

13 에식스 백작의 모욕은 사후에 출판된 월터 롤리 경의 작품에 기록되어 있다(Walter Ralegh, *The Prerogative of Parlaments* [sic] *in England* [London, 1628], p. 43). 롤리 경이 보기에 에식스 백작은 과도한 언사의 대가로 "목을 내놓아야 했다. 원인은 그의 반란이 아니라, 그 언사였다."

14 Guy, *Elizabeth*, 339.

15 정부가 공인한 『로버트 레이트 에식스 백작의……음모와 반역에 대한 보고(*Declaration of the Practises and Treasons……by Robert Late Earle of Essex*)』에서 프랜시스 베이컨은 에식스 백작이 현실에서 이루고자 했던 것을 메이릭이 극장에서 재현하고 싶어했다고 넌지시 말했다. "그[메이릭]는 자신의 군주가 곧 무대에서 현실로 옮겨놓을 것이라고 생각한 그 비극을 직접 보고 싶어 매우 열심이었다(다음에서 인용. E. K. Chambers, *William Shakespeare : A Study of Facts and Problems*, 2 vols. [Oxford : Clarendon, 1930], 2:326)."

16 법령(25 Edward III, c. 2)에 따르면, 다음과 같은 행위는 반역이었다. 국왕 폐하나 여왕 폐하[또는 왕비], 또는 그들의 후계자인 장남의

죽음, 혹은 국왕의 [반려자 또는] 미혼 장녀, 또는 국왕의 후계자이자 장남의 아내의 죽음을 획책하거나 상상하는 것, 혹은 잉글랜드 왕에 맞서 싸우거나 잉글랜드 안팎에서 적국의 왕을 지지하여 그에게 지원과 편의를 제공하는 것(『영국법』, 1.319-20 ; 괄호는 원문 대로).

이 주제에 관해서 니컬러스 우치히(Nicholas Utzig)가 진행하는 연구에서 도움을 받았다.

17 다음을 보라. Jason Scott-Warren, "Was Elizabeth I Richard II? The Authenticity of Lambarde's 'Conversation,'" *Review of English Studies* 64 (2012), pp. 208-30.

18 Manningham (1602) in Chambers, *William Shakespeare,* 2:212.

19 다음을 보라. *Narrative and Dramatic Sources of Shakespeare,* ed. Geoffrey Bullough, 8 vols. (New York : Columbia University Press, 1977), 5:557. 더불어서 다음도 참조하라. *The Arden Shakespeare : Coriolanus,* ed. Peter Holland (London : Bloomsbury, 2013), pp. 60-61.

20 셰익스피어와 현대의 대중 연예의 유사성에 관해서는 다음을 보라. Jeffrey Knapp, *Pleasing Everyone : Mass Entertainment in Renaissance London and Golden-Age Hollywood* (Oxford : Oxford University Press, 2017).

21 Ben Jonson, *Bartholomew Fair,* ed. Eugene M. Waith (New Haven : Yale University Press, 1963), Induction, lines 78-80.

역자 후기

잎사귀들이 빗물 들이키는 소리를 듣네.
위에 있는 풍성한 잎사귀들이 아래에 있는 성긴 잎사귀들에게
한 방울 한 방울 떨구어주는 소리를 듣네.

　　　　　　　　　　　　　　—"비", 윌리엄 헨리 데이비스

혼돈의 시절, 까까머리 중학생은 워즈워스를 만났고 시인의 시를 읊조릴 때면 가슴이 뛰었다. 터울이 큰 8남매 중 막내인 나에게 1970년대에 찾아온 사춘기는 혼돈이 지배하는 암흑이었다. 엎친 데 덮친 격으로 어머니가 사라지자 나는 빈방에 덩그러니 놓인 찬밥이 되었다. 할아버지 같은 엄격한 아버지 밑에서 혼자 헤쳐가야만 하는 삶이 버겁고 어지러워서 돌부리나 나무뿌리에 걸리지 않기 위해 늘 발밑을 살펴야 했다. 고개를 드는

것은 위험했다. 빛은 다른 세계에서만 가물거렸고, 발밑은 온통 어두웠다.

혼돈이 지배하던 작은 세계에 우연히 워즈워스의 빛이 찾아왔다. 도서관에서 무심코 집어 든 작은 시집에서 생전 처음 보는 듯한 선명한 무지개가 피어올랐다. 사실, 내가 힘겹게 살던 세계에서 무지개는 1년에 한 번도 보기 힘들었지만, 그 시절에 만난 "하늘의 무지개를 보면 내 가슴은 뛰노라"라는 시인의 구절은 기억의 버튼을 누르면 즉시 튀어나와 나의 마음을 환히 밝혔다. 얼마 지나지 않아 시는 나의 가슴에 자리를 잡고 또 하나의 심장이 되었다.

고등학교 시절, 다양한 작가들이 나의 별이 되었다. 등교하기 전 새벽 시간에 조간신문을 돌렸다. 그때(지금은 어떤지 모르겠지만) 학업은 종종 돈을 요구했고, 푼돈이나마 필요한 돈을 쥐려면 노동을 해야 했다. 이제는 비유가 아니라 말 그대로, 돌부리에 걸려 넘어지지 않기 위해서 발밑을 살펴야 했다. 불빛이 거의 없는 가난한 동네, 맑은 날에는 그곳 하늘에도 별이 가득했을 테지만, 고개를 드는 것은 위험했다. 비가 오는 날은 더했다. 간혹 어미 잃은 새끼 고양이를 만나면 가슴이 아렸다.

학교에서 돌아와서는 밤늦도록 책을 읽었다. 어느 날 오후 방문 판매원이 문을 두드리더니 세계문학 전집을 소개했다. 무려 100권짜리였고, 각 권이 요즘 말로 '벽돌 책'이었다. 입을 다물 수가 없었다. 머릿속으로 재빨리 10개월 치 월급을 계산해

보고, 계약서에 서명했다. 며칠 후 나의 방에는 100개의 별이 반짝거렸다. 칸트에게 숭고미를 일깨워준, 밤하늘에 총총한 뭇 별. 어두워질수록 별은 더 밝게 빛났다.

톨스토이, 도스토옙스키, 체호프, 고골, 루소, 발자크, 빅토르 위고, 사르트르, 카뮈, 찰스 디킨스, 조지 오웰, 버니지아 울프, 카프카, 릴케, 단테, 페트라르카, 보카치오, 『일리아드*Iliad*』와 『오디세이아*Odysseia*』……. 비록 100권 중에 대략 5분의 1밖에 읽지 못했고 분명 겉핥기였지만, 그들 모두가 마음 별이 되기에 부족함이 없었다. 그중 가장 빛나는 별은 단연 셰익스피어였다. 만세萬世의 대문호, 위대한 극시인의 4대 비극은 나의 정신을 한없이 넓은 세계, 보편적 감정과 관념의 아득한 차원으로 인도했다. 셰익스피어의 희곡은 한 행 한 행이 깊으면서도 예리하고, 톡 쏘면서도 달콤해서 즉시 삼키지 않고 입에서 오래 굴리고 싶었다. 분명 번역가들의 공이 컸을 것이다.

34년 경력의 번역가가 된 지금에도 셰익스피어는 여전히 이 작은 세계를 환히 밝혀주는 북극성이다. 번역하는 중에 셰익스피어의 구절을 만나면 난바다에서 북극성을 찾은 듯 정신이 번쩍 든다. 그때마다 원어로 한번 나지막이 읊조려본다. 셰익스피어는 당시 유행하기 시작한 페트라르카식의 14행시 5음보의 소네트를 독창적으로 개조해서 사용했고, 수많은 단어와 관용구를 새로 만들어 썼으며, 철학의 깊이가 느껴지는 명작들을 인류의 유산으로 남겼다. 이 책을 번역하는 동안 나의 정신의

역자 후기

처마에는 100일 내내 밝은 램프가 걸려 있었고 풍경 소리가 끊이지 않았다.

정치적인 이유로 셰익스피어는 비스듬하고 우회적인 시선을 채택해서 당대와 적당히 거리가 있는 폭군들의 내면과 악행 그리고 파멸적인 결과를 묘사했다. 리처드 3세, 리어 왕, 맥베스와 그의 부인, 코리올라누스, 존 케이드, 레온테스, 장미 전쟁을 이끈 지도자들, 그리고 그 조력자들. 마찬가지로 저자인 그린블랫 역시 현재와 무관한 듯한 시선으로 셰익스피어의 작품에 산재한 폭군의 정치학을 다룬다. 이렇게 이 책에는 3개의 시대가 중첩되어 있으나 세 번째 시대인 우리 시대는 묵시적으로만 존재할 뿐 겉으로 드러나지는 않는다. 그러나 우리는 쉽게 알 수 있다. 셰익스피어의 비스듬한 시선을 연장하면 21세기에 와닿는다는 것을, 심지어 작금의 대한민국까지도 그 선상에 놓여 있음을……. 시대를 뛰어넘어 지금도 유의미하다는 것은 고전의 척도이며, 과거를 빌려 현재를 말한다는 것은 빼어난 역사의식의 징표일 것이다. 이 책은 두 가지를 다 성취하여 지적 감동과 각성을 안겨주는 잊지 못할 책이다.

2025년 초겨울

김한영

색인

『겨울 이야기』 *The Winter's Tale* 18,
  162-163, 168, 173, 177-180
그레고리우스 13세(교황) Gregorius
  XIII 25

내시 Nashe, Thomas 236

라 보에티 La Boétie, Étienne de 98
레이놀즈(파우치 대장) Reynolds,
  John(Captain Pouch) 202-203
롤리 Raleigh, Walter 28, 33-35
리어(레이르) Lear(Leir) 18
『리어 왕』 *King Lear* 20, 52, 91, 151-
  152, 168, 182-186, 188-190, 239
리처드 2세 Richard II 20, 35, 40
『리처드 2세』 *Richard II* 29, 35-
  36, 38-39, 41

리처드 3세 Richard III 18, 20, 108,
  128-129, 238
『리처드 3세』 *Richard III* 29, 79, 82,
  86, 89-92, 96, 98-100, 104, 111,
  115, 119, 122, 131-132, 139, 148,
  180-182, 185-186, 190

말로 Marlowe, Christopher 236
맥베스(막 베하드 막 핀들라크)
  Macbeth(Mac Bethad mac
  Findláech) 18
『맥베스』 *Macbeth* 20, 132, 135, 148,
  181, 185-186, 240
메리(스코틀랜드의 여왕) Mary
  23-27, 29
메이릭 Meyrick, Gelly 35, 37, 39, 41
모어 More, Thomas 81, 108, 238

255

몽테뉴 Montaigne, Michel Eyquem
de 98

배빙턴 Babington, Anthony 26, 29
뷰캐넌 Buchanan, George 15

사우샘프턴 백작 Earl of Southamp-
ton 32, 34
서머싯 공작 Duke of Somerset
44-46
세실 Cecil, Robert 33-35

에식스 백작(로버트 데브뢰) Earl of
Essex(Robert Devereux) 31-
36, 38-40
엘리자베스 1세 Elizabeth I 17, 20,
23-25, 29, 33, 39-40, 235
『오셀로』 Othello 90
요크 공작(리처드 플랜태저넷) Duke
of York(Richard Plantagenet)
18, 45, 58
월싱엄 Walsingham, Francis 23, 26

『자에는 자로』 Measure for Measure
18
존슨 Jonson, Ben 17, 236, 241
『줄리어스 시저』 Julius Caesar 121,
191, 196, 200

카이사르 Caesar, Gaius Julius 18
케이드 Cade, John(Jack) 18, 58

코리올라누스 Coriolanus, Caius
Marcius 18, 201
『코리올라누스』 Coriolanus 29,
202, 204, 241
클래런스 공작(조지 플랜태저넷)
Duke of Clarence(George
Plantagenet) 108
키드 Kyd, Thomas 236

『티투스 안드로니쿠스』 Titus
Andronicus 18, 181

피우스 5세(교황) Pius V 25

『한여름 밤의 꿈』 A Midsummer
Night's Dream 90
『햄릿』 Hamlet 98
『헛소동』 Much Ado About Nothing
90
헨리 8세 Henry VIII 17, 173
『헨리 4세 2부』 2 Henry IV 19
『헨리 5세』 Henry V 29, 31-32, 34,
40
『헨리 6세 1부』 1 Henry VI 44, 48
『헨리 6세 2부』 2 Henry VI 48-49,
53, 58
『헨리 6세 3부』 3 Henry VI 74, 81,
83, 85-86, 88, 99
『헨리 6세』 3부작 Henry VI 43, 54,
79, 89, 91